I0567107

DISCLAIMER

The author and publisher are providing this book and its contents on an "as is" basis and make no representations or warranties of any kind with respect to this book or its contents. The author and publisher disclaim all such representations and warranties, including but not limited to warranties of merchantability. In addition, the author and publisher do not represent or warrant that the information accessible via this book is accurate, complete, or current.

Except as specifically stated in this book, neither the author nor publisher, nor any authors, contributors, or other representatives will be liable for damages arising out of or in connection with the use of this book. This is a comprehensive limitation of liability that applies to all damages of any kind, including (without limitation) compensatory; direct, indirect, or consequential damages; loss of data, income, or profit; loss of or damage to property; and claims of third parties.

This Book Comes With Free Bonus Puzzles
Available Here:

BestActivityBooks.com/WSBONUS20

5 TIPS TO START!

1) HOW TO SOLVE

The Puzzles are in a Classic Format:

- Words are hidden without breaks (no spaces, dashes, ...)
- Orientation: Forward & Backward, Up & Down or
  in Diagonal (can be in both directions)
- Words can overlap or cross each other

2) ACTIVE LEARNING

To encourage learning actively, a space is provided next to each word
to write down the translation. The **DICTIONARY** allows you to
verify and expand your knowledge. You can look up and write down
each translation, find the words in the Puzzle then add them to your
vocabulary!

3) TAG YOUR WORDS

Have you tried using a tag system? For example, you could mark the
words which have been difficult to find with a cross, the ones you loved
with a star, new words with a triangle, rare words with a diamond and
so on...

4) ORGANIZE YOUR LEARNING

We also offer a convenient **NOTEBOOK** at the end of this edition. Whether on vacation, travelling or at home, you can easily organize your new knowledge without needing a second notebook!

5) FINISHED?

Go to the bonus section: **MONSTER CHALLENGE** to find a free game offered at the end of this edition!

Want more fun and learning activities? It's **Fast and Simple!**
An entire Game Book Collection just **one click away!**

Find your next challenge at:

BestActivityBooks.com/MyNextWordSearch

Ready, Set... Go!

Did you know there are around 7,000 different languages in the world? Words are precious.

We love languages and have been working hard to make the highest quality books for you. Our ingredients?

A selection of indispensable learning themes, three big slices of fun, then we add a spoonful of difficult words and a pinch of rare ones. We serve them up with care and a maximum of delight so you can solve the best word games and have fun learning!

Your feedback is essential. You can be an active participant in the success of this book by leaving us a review. Tell us what you liked most in this edition!

Here is a short link which will take you to your order page.

BestBooksActivity.com/Review50

Thanks for your help and enjoy the Game!

Linguas Classics Team

1 - Antiques

```
M  S  P  Z  I  C  O  E  S  I  Z  F  J  K
H  I  O  G  N  G  B  E  T  E  B  A  O  V
O  I  N  C  Z  L  N  L  O  Z  H  I  R  A
D  N  S  C  H  I  O  E  R  M  N  C  U  L
N  G  L  S  E  A  V  G  O  T  J  Í  B  I
O  N  J  U  I  I  A  A  Č  L  Ý  T  Š  T
T  M  G  C  N  C  Z  N  I  E  N  S  P  A
A  T  Ý  X  E  K  O  T  E  F  Á  E  E  I
J  P  R  P  M  U  F  N  V  C  B  V  R  R
L  J  A  V  U  A  N  Ý  U  M  Y  N  K  É
A  U  T  E  N  T  I  C  K  Ý  T  I  Y  L
D  E  S  A  Ť  R  O  Č  I  A  O  Y  W  A
N  E  O  B  V  Y  K  L  Ý  E  K  S  M  G
D  E  K  O  R  A  T  Í  V  N  Y  U  L  H
```

UMENIE	INVESTÍCIA
AUKCIA	ŠPERKY
AUTENTICKÝ	STARÝ
STOROČIE	CENA
MINCE	KVALITA
DESAŤROČIA	OBNOVA
DEKORATÍVNY	SOCHA
ELEGANTNÝ	ŠTÝL
NÁBYTOK	NEOBVYKLÝ
GALÉRIA	HODNOTA

2 - Food #1

```
F  C  Ň  M  H  K  S  U  X  A  H  J  C  P
O  I  Y  E  X  I  F  M  C  T  Z  Z  U  O
P  T  R  M  M  V  J  Y  P  T  L  T  M  L
B  R  U  L  A  Č  J  E  J  L  N  E  W  I
R  Ó  Z  I  R  C  A  Ľ  U  B  I  C  N  E
Š  N  N  E  H  E  K  J  Š  Ť  A  V  A  V
H  K  R  K  U  S  L  J  A  H  O  D  A  K
R  G  O  O  L  N  A  A  K  A  V  K  G  A
U  K  K  R  E  A  Z  R  T  Á  N  E  P  Š
Š  Y  U  C  I  K  A  A  Á  U  R  Z  O  S
K  W  C  A  N  C  B  Š  L  X  N  R  Y  O
A  R  M  H  G  M  A  I  A  A  E  I  C  Ľ
M  R  K  V  A  D  S  D  Š  J  I  J  A  L
E  Z  A  O  E  M  Z  G  R  D  X  N  U  K
```

MARHULE	ARAŠID
JAČMEŇ	HRUŠKA
BAZALKA	ŠALÁT
MRKVA	SOĽ
ŠKORICA	POLIEVKA
CESNAK	ŠPENÁT
ŠŤAVA	JAHODA
CITRÓN	CUKOR
MLIEKO	TUNIAK
CIBUĽA	KVAKA

3 - Farm #2

```
P P A H F S Z V I E R A T Á
A Š V W D A S O Z U Z L J E
S E B H L C R H V J R I I V
T N T A R I L M L C L Ú K A
I I P D V Č A W Á V E J W R
E C G G H A M N I R R G D U
R A G W U K A T R A K T O R
J A H Ň A J L M J A Č M E Ň
O V O C I E O L W X V G I M
C L G E W W D I R D P M O U
O B D J F H O E D U V J I O
M F Y E L Y T K V R U W O B
B C L Z J G S O H D M I H H
Z A V L A Ž O V A N I E W U
```

ZVIERATÁ
JAČMEŇ
STODOLA
KAČICA
FARMÁR
JEDLO
OVOCIE
ZAVLAŽOVANIE
JAHŇA

LAMA
LÚKA
MLIEKO
SAD
OVCE
PASTIER
TRAKTOR
PŠENICA

4 - Books

```
H  P  T  R  A  G  I  C  K  Ý  Č  U  L  K
I  O  V  V  C  O  W  Ľ  E  T  A  T  I  Č
S  É  P  Í  S  A  N  Ý  E  E  V  H  Ý  S
T  Z  U  X  R  L  I  T  E  R  Á  R  N  Y
O  I  J  I  C  I  F  R  D  A  R  P  Š  R
R  A  B  K  O  N  T  E  X  T  P  R  U  O
I  N  D  Á  X  N  L  A  S  I  Z  Í  L  M
C  A  A  P  S  E  N  U  R  L  O  B  S  Á
K  R  K  Y  O  E  S  T  L  A  R  E  Í  N
Ý  T  R  S  P  W  Ň  O  N  U  W  H  R  A
O  S  E  G  E  S  I  R  V  D  P  H  P  T
Y  Z  I  V  Y  N  A  L  I  E  Z  A  V  Ý
D  O  B  R  O  D  R  U  Ž  S  T  V  O  I
I  T  Z  H  U  M  O  R  N  Ý  O  U  E  I
```

DOBRODRUŽSTVO	ROZPRÁVAČ
AUTOR	ROMÁN
ZBIERKA	STRANA
KONTEXT	BÁSEŇ
DUALITA	POÉZIA
EPOS	ČITATEĽ
HISTORICKÝ	PRÍSLUŠNÝ
HUMORNÝ	PRÍBEH
VYNALIEZAVÝ	TRAGICKÝ
LITERÁRNY	PÍSANÝ

5 - Meditation

```
M M F C I E D P N H L G Z P
N W P B K J Ý B Á U X Z A R
M E N T Á L N Y V D V M Y E
S X U B N S J H Y B N I D B
M Ú I R D J O O K A P E K U
Y P C E T K K P Y B R R Ť D
S O J I Y B O O E U I N S I
E Z A C T L P F I W J C O Ť
Ľ O S Ó P Ť S O N Č A Ď V V
H R N M O Y P C A B T V A F
G N O E V D P O H C I T K N
G O S X A O H Y C L E Y S X
E S Ť J H F A B Ý M R B Á V
B Ť S N A J N T D T C L L Y
```

PRIJATIE   NÁVYKY
POZORNOSŤ   LÁSKAVOSŤ
PREBUDIŤ   MENTÁLNY
DÝCHANIE   MYSEĽ
POKOJNÝ   POHYB
JASNOSŤ   HUDBA
SÚCIT   POVAHA
EMÓCIE   MIER
VĎAČNOSŤ   TICHO

6 - Days and Months

```
G K O T R V T Š D E I U N U
P O K T Ó B E R L T L I E T
R R O M F R P Á Á S J D D Ý
E O T E U J S U D U W N E Ž
B T A S S K Y N E G R A Ľ D
M U I I K O R A E U D B A E
E A P A O L B J B A Z W E Ň
V Y R C D E T O A P R Í L F
O D S E A D E R T S Z W Y A
N X H S C N W K U A R P V E
G M W W H O K A L E N D Á R
J Ú L O A P C J U N Z D D T
C S F B Z S E P T E M B E R
N U M D U P G Y I V F T C R
```

APRÍL

AUGUST

KALENDÁR

FEBRUÁR

PIATOK

JANUÁR

JÚL

MAREC

PONDELOK

MESIAC

NOVEMBER

OKTÓBER

SOBOTA

SEPTEMBER

NEDEĽA

ŠTVRTOK

UTOROK

STREDA

TÝŽDEŇ

ROK

7 - Energy

```
E  L  E  S  Y  M  E  I  R  P  P  V  U  B
L  C  T  S  O  V  I  L  A  P  A  O  H  V
E  T  E  P  L  O  D  B  E  R  R  D  L  I
K  P  F  D  S  I  E  N  E  K  A  Í  Í  E
T  J  K  N  F  B  R  A  E  N  T  K  K  T
R  F  I  R  H  O  T  F  N  Ó  Z  R  Z  O
I  M  O  T  O  R  S  T  T  T  T  Í  Ó  R
C  F  P  R  X  K  O  A  R  O  U  B  N  N
K  G  F  G  S  O  R  I  O  F  R  N  F  X
Ý  S  T  M  B  U  P  R  P  O  B  B  J  S
Z  J  P  X  V  X  G  É  I  A  Í  V  I  V
J  A  D  R  O  V  Ý  T  A  D  N  E  S  K
K  Z  W  F  E  F  Z  A  S  E  A  X  T  A
U  U  G  I  S  I  K  B  V  S  F  H  M  X
```

BATÉRIA	TEPLO
UHLÍK	VODÍK
NAFTA	PRIEMYSEL
ELEKTRICKÝ	MOTOR
ELEKTRÓN	JADROVÝ
ENTROPIA	FOTÓN
PROSTREDIE	PARA
PALIVO	TURBÍNA
BENZÍN	VIETOR

8 - Archeology

```
I  B  N  U  O  D  B  O  R  N  Í  K  F  P
M  O  R  G  K  B  V  P  X  K  C  H  V  O
F  R  A  G  M  E  N  T  Y  O  H  R  Ý  T
Z  H  V  N  B  F  V  G  R  S  R  F  S  O
A  S  R  T  Í  M  O  O  I  T  Á  N  K  M
B  W  E  Z  U  O  O  S  R  I  M  F  U  O
U  A  L  É  R  A  B  J  Í  A  J  E  M  K
D  Z  I  W  N  Y  W  B  F  L  T  B  N  P
N  Ý  K  G  Y  M  Á  N  Z  E  N  S  Í  R
U  L  V  Z  I  S  T  E  N  I  A  E  K  E
T  A  I  C  Á  Z  I  L  I  V  I  C  W  D
Ý  N  A  E  A  N  E  S  T  O  Y  G  W  M
T  A  J  O  M  S  T  V  O  O  H  P  U  E
W  I  H  O  D  N  O  T  E  N  I  E  A  T
```

ANALÝZA	FOSÍLNE
STAROVEKU	FRAGMENTY
KOSTI	TAJOMSTVO
CIVILIZÁCIA	PREDMET
POTOMOK	RELIKVIA
ÉRA	VÝSKUMNÍK
HODNOTENIE	TÍM
ODBORNÍK	CHRÁM
ZISTENIA	HROB
ZABUDNUTÝ	NEZNÁMY

9 - Food #2

```
T  H  E  Č  U  B  Y  R  R  K  I  V  I  J
G  I  C  E  J  A  V  E  Y  K  U  R  A  A
F  J  N  R  X  K  A  O  B  R  Z  Y  K  B
M  K  U  E  I  N  A  N  Y  K  Y  S  K  L
Z  D  A  Š  G  U  Y  Z  Z  V  L  Ž  G  K
B  E  I  Ň  I  Š  A  O  H  U  B  A  A  O
B  R  L  A  V  P  A  R  A  D  A  J  K  A
A  I  O  E  F  N  Z  H  B  A  N  Á  N  C
K  W  D  K  R  Č  O  K  O  L  Á  D  A  I
L  E  F  K  O  Č  I  T  R  A  J  J  L  N
A  I  S  X  W  L  J  O  G  U  R  T  X  E
Ž  E  E  A  O  C  I  N  N  K  H  J  E  Š
Á  A  U  W  J  N  Y  C  U  Z  P  E  T  P
N  U  P  S  P  R  X  W  A  G  A  D  H  C
```

JABLKO	BAKLAŽÁN
ARTIČOK	RYBY
BANÁN	HROZNO
BROKOLICA	ŠUNKA
ZELER	KIVI
SYR	HUBA
ČEREŠŇA	RYŽA
KURA	PARADAJKA
ČOKOLÁDA	PŠENICA
VAJEC	JOGURT

10 - Chemistry

```
C H L Ó R P X B R Z O O K A
I V F P I J H K K T X R V T
W L E L T E P L O T A G A Ó
Z X Y Y V R W P W S C A P M
T M E N Ó R T K E L E N A O
K A T A L Y Z Á T O R I L V
B P V M N I S B W C H C I Á
L A K K H I Ó O W B L K N M
L K Í L H U L N Ľ U Y Ý A N
J A D R O V Ý E K Y S L Í K
U D O L P E T S S D P E A A
O F V S A D B O G Y Y E R W
A L K A L I C K Ý X K Y M B
E N Z Ý M M O L E K U L A R
```

KYSELINA	VODÍK
ALKALICKÝ	IÓN
ATÓMOVÁ	KVAPALINA
UHLÍK	MOLEKULA
KATALYZÁTOR	JADROVÝ
CHLÓR	ORGANICKÝ
ELEKTRÓN	KYSLÍK
ENZÝM	SOĽ
PLYN	TEPLOTA
TEPLO	

11 - Music

```
X  K  A  A  C  Ý  K  C  I  T  E  O  P  M
S  P  I  E  V  A  Ť  L  V  O  G  W  A  D
H  V  W  V  N  M  T  Á  A  R  E  P  O  P
U  B  A  L  A  D  A  K  N  S  A  Ý  G  J
D  I  X  S  S  R  M  I  A  U  I  K  N  N
O  Z  F  F  Ú  Y  I  Z  H  M  D  C  J  V
B  J  D  E  L  T  K  U  R  T  Ó  I  K  U
N  X  J  W  A  M  R  M  Á  Y  L  N  Á  Ý
Í  É  O  M  D  I  O  U  V  R  E  O  V  K
K  W  R  I  G  C  F  B  A  I  M  M  E  C
T  J  T  F  O  K  Ó  L  N  F  R  R  P  I
A  Y  S  A  E  Ý  N  A  I  Y  O  A  S  R
X  D  Á  W  X  R  M  M  E  P  L  H  Y  Y
U  M  N  E  K  L  E  K  T  I  C  K  Ý  L
```

ALBUM	MIKROFÓN
BALADA	MUZIKÁL
REFRÉN	HUDOBNÍK
KLASICKÝ	OPERA
EKLEKTICKÝ	POETICKÝ
HARMONICKÝ	NAHRÁVANIE
SÚLAD	RYTMUS
NÁSTROJ	RYTMICKÝ
LYRICKÝ	SPIEVAŤ
MELÓDIA	SPEVÁK

12 - Family

```
L D P K O M A T I E K U N V
S E G I T E D M A T K A W A
M D I U C Y L D B J O Ť B T
U K R M O A K S C M O E R E
W O C E V O N Y S É V I A T
B O V T S T E D V J R D T A
N E S R K I T W Y T J A R K
P N X T É N E M W H O V A L
B R A T R N R R A P I F N E
V N Ú Č A Ý M O H N S B E Ž
P R E D O K K D S E Ž E C N
C P A B K U T O C T N E A A
M T P R R E T K T G P P L M
V X J S H G A J S E S T R A
```

PREDOK	VNUK
TETA	MANŽEL
BRAT	MATIEK
DIEŤA	MATKA
DETSTVO	SYNOVEC
DETI	NETER
BRATRANEC	OTCOVSKÉ
DCÉRA	SESTRA
VNÚČA	STRÝKO
DEDKO	MANŽELKA

13 - Farm #1

```
B  N  B  S  T  H  N  D  D  E  G  E  A  Z
S  P  R  K  G  N  K  W  M  H  X  V  S  Y
P  V  V  L  A  O  V  M  I  U  D  K  O  O
K  Ô  Ň  W  W  J  B  M  G  R  R  Ŕ  M  M
R  Z  A  B  X  I  I  K  D  Y  T  D  Á  Z
P  D  D  L  S  V  Z  U  E  W  X  E  R  O
X  B  O  S  E  O  Ó  R  T  S  R  Ľ  F  M
X  R  V  X  M  Č  N  A  A  A  P  E  R  E
H  P  H  G  E  A  V  V  Ž  Z  L  X  W  R
G  O  W  Z  N  M  P  Y  Y  J  O  M  E  D
S  E  P  U  Á  A  V  A  R  K  T  K  J  W
E  L  O  P  I  Č  Ľ  A  V  R  A  N  A  S
N  T  K  I  L  K  Ň  E  D  E  I  R  R  O
O  C  H  L  Y  A  N  Y  T  C  I  V  U  Y
```

VČELA	HNOJIVO
BIZÓN	POLE
TEĽA	KŔDEĽ
MAČKA	KOZA
KURA	SENO
KRAVA	MED
VRANA	KÔŇ
PES	RYŽA
SOMÁR	SEMENÁ
PLOT	VODA

14 - Camping

```
K  H  C  R  V  N  Ň  E  H  O  N  A  L  U
L  P  M  Y  Z  M  A  C  K  H  E  Y  O  M
O  J  O  Y  Z  X  Á  T  A  R  E  I  V  Z
B  R  N  V  Z  Z  U  O  N  I  M  O  P  I
Ú  I  J  S  A  I  R  W  Í  X  S  M  Y  J
K  L  Z  T  S  H  O  H  B  A  P  E  L  W
M  A  P  A  E  E  A  Z  A  X  G  F  M  L
E  S  T  R  O  M  Y  A  K  I  S  T  A  N
G  T  L  D  U  Y  F  S  R  J  H  P  M  Z
W  P  E  E  G  G  V  S  Z  W  H  R  U  U
S  K  S  Z  Á  B  A  V  A  K  A  N  O  E
H  O  J  D  A  C  I  A  S  I  E  Ť  O  T
J  A  Z  E  R  O  K  O  M  P  A  S  B  D
D  O  B  R  O  D  R  U  Ž  S  T  V  O  G
```

DOBRODRUŽSTVO	LOV
ZVIERATÁ	HMYZ
KABÍNA	JAZERO
KANOE	MAPA
KOMPAS	MESIAC
OHEŇ	VRCH
LES	POVAHA
ZÁBAVA	LANO
HOJDACIA SIEŤ	STAN
KLOBÚK	STROMY

15 - Algebra

```
F A K T O R X A Z P N O D E
D X V J M U D C J R E V I X
R O V N I C E I E E K Y V P
X U S U P D Y T D M O F Í O
F M S A W C M A N E N A Z N
V P R O B L É M O N E L I E
Z Z K Y F N M P D N Č O A N
Á D O N C U W P U Ý N Š A T
T Č M R J L S V Š U Ý N D V
V Í O Á E A P W I S X Ý Z N
O S L E B C M X Ť F A X L O
R L Z N O D Č Í T A N I E Y
K O E I N E Š E I R Y S B O
A M Z L U Y M A R G A I D W
```

DIAGRAM	LINEÁRNY
DIVÍZIA	MATICA
ROVNICE	ČÍSLO
EXPONENT	ZÁTVORKA
FAKTOR	PROBLÉM
FALOŠNÝ	ZJEDNODUŠIŤ
VZOREC	RIEŠENIE
ZLOMOK	ODČÍTANIE
GRAF	PREMENNÝ
NEKONEČNÝ	NULA

16 - Numbers

```
I  B  Ť  P  W  Z  I  O  J  P  D  J  O  W
S  O  A  G  Ä  J  V  Y  B  P  E  E  S  P
B  Ť  S  Á  N  T  Ä  V  E  D  S  D  E  G
H  P  D  Ť  S  Á  N  I  R  T  A  E  M  S
S  M  A  D  X  W  Š  Á  Ť  D  Ť  N  I  H
Š  E  V  V  M  G  E  A  S  O  O  Ť  U  T
G  T  D  A  I  P  S  X  Á  Ť  P  Ä  Ť  R
A  O  Y  E  F  A  Ť  I  N  M  D  V  S  I
H  O  L  R  M  K  R  L  A  X  A  E  Á  B
D  L  D  U  I  N  R  J  V  H  Z  D  N  E
É  N  N  I  T  A  S  E  D  D  J  D  T  F
H  Y  I  R  E  U  Ť  S  Á  N  M  E  S  O
Š  T  R  N  Á  S  Ť  J  G  S  I  K  E  P
S  E  D  E  M  N  Á  S  Ť  V  B  T  Š  X
```

DESATINNÉ	SEDEM
OSEM	SEDEMNÁSŤ
OSEMNÁSŤ	ŠESŤ
PÄTNÁSŤ	ŠESTNÁSŤ
PÄŤ	DESAŤ
ŠTYRI	TRINÁSŤ
ŠTRNÁSŤ	TRI
DEVÄŤ	DVANÁSŤ
DEVÄTNÁSŤ	DVADSAŤ
JEDEN	DVA

17 - Universe

```
K  R  H  G  H  A  K  O  Z  M  I  C  K  Ý
V  T  M  C  A  I  S  E  M  Z  T  Z  X  D
K  T  E  B  B  X  D  T  V  U  V  T  I  I
H  N  V  T  E  A  R  B  R  W  T  H  M  O
X  O  J  O  N  L  L  A  Z  O  Z  V  Y  R
V  Z  P  V  R  A  M  T  H  D  N  N  D  E
K  I  T  O  Y  G  O  I  C  B  R  Ó  T  T
S  R  D  Ý  K  S  E  B  E  N  Z  J  M  S
E  O  Y  I  A  S  T  R  O  N  Ó  M  I  A
O  H  D  K  T  Y  E  O  R  O  V  N  Í  K
N  N  V  W  V  E  L  L  C  G  J  U  Y  G
S  O  S  P  J  P  Ľ  B  E  G  P  G  I  G
W  N  G  C  Z  A  V  N  S  T  W  L  W  B
S  O  L  Á  R  N  Y  Z  Ý  H  O  V  M  P
```

ASTEROID	GALAXIA
ASTRONÓM	HORIZONT
ASTRONÓMIA	MESIAC
NEBESKÝ	ORBITA
KOZMICKÝ	NEBA
TMA	SOLÁRNY
EON	TELESKOP
ROVNÍK	VIDITEĽNÝ

18 - Mammals

```
M E L A U O J A G K Ý B Z Ž
S E N Í F L E D O O C J E I
A M D K Š C S H R J M R B R
P B A V B K T I I O V V R A
I P A E E Z A P L T F P A F
K M M L E Ď C N A K O L K A
W O G J A V I V O L F T X B
G B A X J Z P O D L D A K Y
C J N D J O O C C W S E P R
M A Č K A V K R Á L I K I Ľ
M G L M E C L O U W K Ô Ň E
X F V D S E N B L J V L K V
P A N B N C Y O F J B O D V
J O X F T Z I B S O Z L X O
```

MEDVEĎ	GORILA
BOBOR	KÔŇ
BÝK	KLOKAN
MAČKA	LEV
KOJOT	OPICA
PES	KRÁLIK
DELFÍN	OVCE
SLON	VEĽRYBA
LÍŠKA	VLK
ŽIRAFA	ZEBRA

19 - Restaurant #1

```
Z  X  J  K  D  T  K  P  P  M  C  G  K  C
O  S  Ä  M  U  E  G  J  N  D  X  L  Á  K
P  L  J  E  U  C  Z  C  Y  F  M  M  V  J
H  O  D  R  J  S  H  E  C  J  E  J  A  P
V  B  L  E  G  J  C  Y  R  L  N  A  K  I
V  R  X  Z  J  M  L  L  Ň  T  U  E  S  E
A  Ú  B  E  I  L  H  C  M  A  Ž  T  I  É
L  S  N  R  T  A  N  I  E  R  Ô  L  M  N
E  O  Y  V  P  O  K  L  A  D  N  Í  K  T
R  K  A  Á  G  L  M  J  E  S  Ť  B  X  N
G  T  H  C  O  M  Á  Č  K  A  K  U  R  A
I  T  A  I  Č  A  Š  N  Í  Č  K  A  L  K
A  H  O  A  Y  T  R  I  B  Z  G  T  E  I
I  N  G  R  E  D  I  E  N  C  I  E  S  P
```

ALERGIA	NÔŽ
MISKA	MÄSO
CHLIEB	MENU
POKLADNÍK	OBRÚSOK
KURA	TANIER
KÁVA	REZERVÁCIA
DEZERT	OMÁČKA
JEDLO	PIKANTNÉ
INGREDIENCIE	JESŤ
KUCHYŇA	ČAŠNÍČKA

20 - Bees

```
R  D  W  F  E  R  J  F  B  U  S  I  P  I
A  J  Ť  S  O  D  O  R  O  N  Z  Ô  R  D
S  X  M  F  M  T  T  E  I  C  O  V  O  M
T  O  H  M  Y  Z  E  A  H  R  Z  O  S  E
L  K  R  Á  Ľ  O  V  N  Á  O  Á  Č  P  D
I  E  U  P  J  J  K  G  I  J  H  A  E  H
N  K  P  H  E  R  G  S  B  Z  R  V  Š  A
Y  O  X  K  O  Ľ  Z  L  O  E  A  O  N  B
T  S  Z  X  R  S  I  V  O  V  D  Ľ  Ý  I
E  Y  A  A  F  L  J  Z  P  D  A  E  Ú  T
V  S  O  I  I  N  N  K  I  A  T  P  U  A
K  T  Y  X  T  K  E  T  R  F  B  O  J  T
Y  É  L  N  D  O  L  D  E  J  S  I  H  S
D  M  Y  D  T  C  K  C  X  I  K  C  Z  G
```

PROSPEŠNÝ	MED
KVET	HMYZ
RÔZNORODOSŤ	RASTLINY
EKOSYSTÉM	PEĽ
KVETY	OPEĽOVAČOV
JEDLO	KRÁĽOVNÁ
OVOCIE	DYM
ZÁHRADA	SLNKO
HABITAT	ROJ
ÚĽ	VOSK

21 - Weather

P	F	Z	M	R	A	K	S	E	L	B	T	F	I
E	O	Z	G	E	M	O	Z	M	K	D	R	T	G
U	A	L	M	H	Í	N	N	E	W	U	O	E	W
D	K	X	Á	A	L	Á	S	Z	D	S	P	P	I
O	D	A	Ľ	R	K	V	B	B	S	P	I	L	W
U	J	T	V	B	N	N	H	Ú	T	R	C	O	S
B	V	M	Y	K	S	Y	J	J	R	Y	K	T	J
R	I	O	J	O	C	U	D	G	X	K	Ý	A	P
H	E	S	D	P	T	M	C	B	G	O	A	B	O
R	T	F	S	F	D	O	Ý	H	C	U	S	E	S
O	O	É	X	T	V	N	X	S	O	Y	A	N	I
M	R	R	R	F	X	Z	T	O	R	N	Á	D	O
G	X	A	H	Ú	D	Ú	B	K	U	D	I	U	M
G	G	P	J	U	E	N	Á	K	I	R	U	H	G

ATMOSFÉRA	MONZÚN
VÁNOK	POLÁRNY
KLÍMA	DÚHA
MRAK	NEBA
SUCHO	BÚRKA
SUCHÝ	TEPLOTA
HMLA	HROM
HURIKÁN	TORNÁDO
ĽAD	TROPICKÝ
BLESK	VIETOR

22 - Adventure

```
N O B O S T A T O Č N O S Ť
I A H E B W E K N K A X M I
S I V A Z T I C O E F V N T
T L B I P P I T V B V C K I
Ľ E I C G S E A Ý V L C K N
A T M O K Á A Č Ž A G C R E
H A C N A Š C L N N P F Á R
A I K B G M A I K O O O S Á
V R N L Ť S O D A R S S A R
O P A W Č I N N O S Ť Ť Ť P
P R Í L E Ž I T O S Ť P T Y
V T I N A D Š E N I E T I N
N E B E Z P E Č N Ý B X T W
V Ý Z V Y P R Í P R A V A I
```

ČINNOSŤ	PRIATELIA
KRÁSA	ITINERÁR
STATOČNOSŤ	RADOSŤ
VÝZVY	POVAHA
ŠANCA	NAVIGÁCIA
NEBEZPEČNÝ	NOVÝ
CIEĽ	PRÍLEŽITOSŤ
OBTIAŽNOSŤ	PRÍPRAVA
NADŠENIE	BEZPEČNOSŤ

23 - Sport

```
D  Ý  C  H  A  Ť  K  O  S  T  I  T  A  U
P  T  S  C  H  O  P  N  O  S  Ť  I  P  M
Ý  Ľ  E  I  C  V  A  V  J  I  O  S  F  E
S  K  Y  L  A  V  S  K  U  F  K  R  T  O
N  L  C  J  O  P  R  O  G  R  A  M  Z  C
M  A  X  I  M  A  L  I  Z  O  V  A  Ť  D
F  V  T  X  L  J  O  G  G  I  N  G  T  I
T  I  U  A  Z  O  W  F  I  A  S  Z  R  É
K  Ž  H  L  N  K  B  X  M  X  B  D  É  T
E  Ý  C  I  O  E  K  A  X  H  F  R  N  A
L  V  W  S  S  X  C  H  T  E  V  A  E  C
Š  P  O  R  T  O  V  E  C  E  Y  V  R  S
V  Y  T  R  V  A  L  O  S  Ť  M  I  C  Z
Š  P  O  R  T  O  V  É  R  E  L  E  K  I
```

SCHOPNOSŤ	JOGGING
ŠPORTOVEC	MAXIMALIZOVAŤ
TELO	METABOLICKÝ
KOSTI	SVALY
TRÉNER	VÝŽIVA
TANEC	PROGRAM
DIÉTA	ŠPORTOVÉ
VYTRVALOSŤ	SILA
CIEĽ	DÝCHAŤ
ZDRAVIE	

24 - Circus

```
Ž D U Z B S M U J E S T A N
F O S K V U P S M B G K B J
U V N H Á I W J T F C Z D S
H E O G I Z E Í V O R K U C
W I L C L A A R T R I K H V
D R S B C É A Ť A C F G Y V
L P C F V R R M Ý T S O K L
M S L E V J E K M K Á V I D
O J E T I Z G V Y K L A U N
O P I C A V I B A L Ó N Y K
L E F V A Z T B A V I Ť A H
Z N Y K Ú Z E L N Í K H X G
Ú O A K R O B A T A L W W G
K A D L E J M P J Y S C H F
```

AKROBAT	KÚZLO
ZVIERATÁ	KÚZELNÍK
BALÓNY	OPICA
CUKROVÍ	HUDBA
KLAUN	SPRIEVOD
KOSTÝM	UKÁZAŤ
SLON	DIVÁK
BAVIŤ	STAN
ŽONGLÉR	TIGER
LEV	TRIK

25 - Restaurant #2

```
Z  N  J  P  F  U  X  W  L  F  U  V  P  T
R  E  P  P  M  L  V  I  R  M  Z  A  N  O
D  E  L  Š  A  L  Á  T  F  W  K  J  L  R
O  N  Z  E  N  T  S  X  D  U  Í  C  A  T
F  L  O  A  N  S  J  O  P  Á  N  I  H  A
K  B  E  F  N  I  P  F  Ľ  K  Š  A  O  K
D  L  U  T  T  C  N  P  V  O  A  K  D  Č
L  Y  Ž  I  C  A  E  A  E  R  Č  V  N  I
F  I  K  U  M  B  V  R  Č  E  Ľ  E  Ý  L
V  I  D  L  I  C  A  Y  E  N  A  I  V  O
O  V  O  C  I  E  E  B  R  I  D  L  O  T
R  X  P  D  D  G  Y  Y  A  E  E  O  D  S
C  S  I  L  G  E  O  E  I  U  B  P  A  T
X  J  R  P  O  Y  H  D  K  L  O  D  W  C
```

NÁPOJ	OBED
TORTA	REZANCE
STOLIČKA	ŠALÁT
LAHODNÝ	SOĽ
VEČERA	POLIEVKA
VAJCIA	KORENIE
RYBY	LYŽICA
VIDLICA	ZELENINA
OVOCIE	ČAŠNÍK
ĽAD	VODA

26 - Geology

```
J  Z  A  V  T  S  R  V  X  S  W  P  M  K
I  E  T  V  Á  P  N  I  K  O  K  L  I  Y
N  M  U  B  Á  Z  X  B  E  Ľ  K  O  N  S
Y  E  O  W  Y  L  K  Y  C  M  Y  Š  E  E
A  T  F  O  S  Í  L  N  E  L  L  I  R  L
H  R  K  O  R  A  L  O  V  R  Á  N  Á  I
V  A  K  O  N  T  I  N  E  N  T  A  L  N
N  S  Ň  E  M  A  K  M  F  A  Š  G  Y  A
K  E  U  Y  J  X  C  J  D  V  Y  E  E  S
R  N  A  U  K  F  P  W  A  T  R  J  R  O
E  I  E  E  T  S  O  I  C  X  K  Z  Ó  P
M  E  S  T  A  L  A  K  T  I  T  Í  Z  K
E  T  H  X  Z  J  S  J  E  T  R  R  I  A
Ň  G  U  B  U  M  X  V  K  S  J  B  A  U
```

KYSELINA	GEJZÍR
VÁPNIK	LÁVA
JASKYŇA	VRSTVA
KONTINENT	MINERÁLY
KORALOV	PLOŠINA
KRYŠTÁLY	KREMEŇ
CYKLY	SOĽ
ZEMETRASENIE	STALAKTIT
ERÓZIA	KAMEŇ
FOSÍLNE	SOPKA

27 - House

```
T P B F E Č Ú Ľ K I L N Z D
X X K O T Y B Á N Z E M Á V
T D X L Y O M O I B M C H E
S F A D V S L K Ž A X V R R
P Z F A K R B P N G Y W A E
O J A K U U D A I E A S D D
D R V R L V I N C Y T R A S
K E E Z V W A X A O F K Á L
R A P M A L X S T E N A J Ž
O L H K U C H Y Ň A R N A M
V T L C Z Á C L O N Y O W K
I E U F R F O O K N O D J E
E M X W O P O D L A H A S L
S Y H R A F S S T R E C H A
```

PODKROVIE
METLA
ZÁCLONY
DVERE
PLOT
KRB
PODLAHA
NÁBYTOK
GARÁŽ
ZÁHRADA

KĽÚČE
KUCHYŇA
LAMPA
KNIŽNICA
ZRKADLO
STRECHA
IZBA
SPRCHA
STENA
OKNO

28 - Physics

```
M H M O T N O S Ť Č A T Ó M
A F E F C T K C D A T N P F
G P L Y N H V E Z S O W Z R
N B V V Z B A R G T T W S E
E A L U K E L O M I S Z I K
T K U C E Y M Z S C U C M V
I D A G E Z W V E A H J C E
Z U N I V E R Z Á L N Y H N
M R E L A T I V I T A X E C
U M J A D R O V Ý N E H M I
S H O E X P A N Z I A O I A
C B W T R Ý C H L O S Ť C L
U W K H O P Y W J N O X K W
K J J N Ó R T K E L E A Ý X
```

ATÓM	PLYN
CHAOS	MAGNETIZMUS
CHEMICKÝ	HMOTNOSŤ
HUSTOTA	MOLEKULA
ELEKTRÓN	JADROVÝ
MOTOR	ČASTICA
EXPANZIA	RELATIVITA
VZOREC	UNIVERZÁLNY
FREKVENCIA	RÝCHLOSŤ

29 - Shapes

```
H  L  D  Z  K  H  E  K  J  R  S  K  J  P
Y  I  I  H  B  G  R  H  B  V  F  O  I  Y
P  J  W  N  S  U  H  A  P  F  É  C  U  D
E  P  B  D  K  J  U  G  N  B  R  K  Z  H
R  A  D  Í  M  A  R  Y  P  O  A  A  K  X
B  B  O  B  L  Ú  K  G  O  S  L  Á  V  O
O  M  N  O  H  O  U  H  O  L  N  Í  K  K
L  T  M  S  O  B  D  Ĺ  Ž  N  I  K  W  R
A  V  F  Z  T  Ú  R  A  D  M  G  W  O  I
V  A  L  E  C  R  P  A  D  X  L  R  L  V
T  C  U  O  C  S  A  E  L  I  P  S  A  K
O  F  E  C  H  N  O  N  L  Z  C  F  J  A
H  I  O  K  U  Ž  E  Ľ  A  A  Y  P  F  F
N  Á  M  E  S  T  I  E  J  A  R  K  O  U
```

OBLÚK	LINKA
KRUH	OVÁL
KUŽEĽ	MNOHOUHOLNÍK
RÚT	HRANOL
KOCKA	PYRAMÍDA
KRIVKA	OBDĹŽNIK
VALEC	STRANA
OKRAJE	SFÉRA
ELIPSA	NÁMESTIE
HYPERBOLA	

30 - Scientific Disciplines

```
A B Z N A B N T U M K Y B A
S I O E K I J V N I I U P N
T O O U I O P Y I N N N S A
R L L R T C K G J E E M Y T
O Ó Ó O S H R J F R Z E C Ó
N G G L I É V A X A I C H M
Ó I I Ó V M E I V L O H O I
M A A G G I U E N Ó L A L A
I A K I N A T O B G Ó N Ó F
A T A A I M É H C I G I G N
A I G Ó L O K E P A I K I G
P A G E O L Ó G I A A A A J
A R C H E O L Ó G I A O B P
I M U N O L Ó G I A G L C V
```

ANATÓMIA
ARCHEOLÓGIA
ASTRONÓMIA
BIOCHÉMIA
BIOLÓGIA
BOTANIKA
CHÉMIA
EKOLÓGIA
GEOLÓGIA

IMUNOLÓGIA
KINEZIOLÓGIA
LINGVISTIKA
MECHANIKA
MINERALÓGIA
NEUROLÓGIA
PSYCHOLÓGIA
ZOOLÓGIA

31 - Science

```
D Z L J H S G T M N V T X K
L V I A M E T Ó D A Ý O A N
B Y N I L T S A R J V N H Y
W A O C B I A K C H O T A U
A T A Á X T K A F L J S V O
Z Ó V T N N Y L U K E L O M
É M N I F E N L Í S O F P G
T R P V K M E K S M X E T L
O R G A N I Z M U S A L K C
P E Ú R D R M I N E R Á L Y
Y P D G E E C H E M I C K Ý
H H A D Z P V E D E C X V B
H Y J E I X F Y Z I K A T G
T I E C W E C I T S A Č S K
```

ATÓM
CHEMICKÝ
KLÍMA
ÚDAJE
VÝVOJ
EXPERIMENT
FAKT
FOSÍLNE
GRAVITÁCIA
HYPOTÉZA

METÓDA
MINERÁLY
MOLEKULY
POVAHA
ORGANIZMUS
ČASTICE
FYZIKA
RASTLINY
VEDEC

32 - Beauty

```
K  Š  R  M  A  K  E  U  P  T  K  I  S  R
S  U  A  E  T  D  Ý  C  E  Y  J  R  T  A
P  G  Č  M  I  Y  K  E  L  U  J  C  E  W
P  L  A  E  P  A  C  S  V  C  K  P  C  O
V  Ô  Ň  A  R  Ó  I  D  Ť  S  O  L  I  M
E  Y  Y  R  M  Y  N  O  A  Č  Z  O  N  E
D  U  B  N  A  T  E  P  L  A  M  L  Ž  L
K  O  Ž  A  S  K  G  R  S  R  E  E  O  E
W  L  U  X  K  U  O  F  Ú  O  T  J  N  G
L  D  L  M  A  D  T  A  M  Ž  I  E  B  A
S  A  S  S  R  O  O  R  N  L  K  K  V  N
R  K  J  U  A  R  F  B  N  R  A  A  B  C
I  R  Y  M  Z  P  K  A  U  B  G  K  T  I
V  Z  E  L  E  G  A  N  T  N  Ý  Z  Y  A
```

ČARO	MASKARA
FARBA	ZRKADLO
KOZMETIKA	OLEJE
KUČERY	FOTOGENICKÝ
ELEGANCIA	PRODUKTY
ELEGANTNÝ	NOŽNICE
VÔŇA	SLUŽBY
MILOSŤ	ŠAMPÓN
RÚŽ	KOŽA
MAKE-UP	

33 - Clothes

```
Z H P X T B K O Š E Ľ A P H
H Á B F P Y U D F I R K L B
X Y S N Í Ž D N N A U N Á L
Y K U T R P O Š D D K Á Š Ú
V H M J E N U A X A A P Ť Z
E J Ó P T R H T Y J V O D K
K N D C E N A Y J N I T P A
Ú O A Á V K Ň K K O C F M G
B G M M S H K R X H E U Z F
O Z Z A C A U E G A Ľ H P V
L G V Ž R Š S P H V T E O P
K K K Y S Á P Š W I G T R C
O G G P A L N D G C A F S C
W V S A N D Á L E E W N T F
```

ZÁSTERA	DŽÍNSY
PÁS	ŠPERKY
BLÚZKA	PYŽAMÁ
NÁRAMOK	NOHAVICE
PLÁŠŤ	SANDÁLE
ŠATY	ŠÁL
MÓDA	KOŠEĽA
RUKAVICE	TOPÁNKA
KLOBÚK	SUKŇA
BUNDA	SVETER

34 - Ethics

```
D  D  L  N  J  T  G  J  Ú  M  H  D  R  T
F  Ô  Ť  Á  D  P  H  W  C  Ú  W  I  A  R
I  T  S  Y  S  Z  W  V  T  D  S  P  C  P
L  B  O  T  G  K  Y  U  I  R  X  L  I  E
O  L  V  O  O  S  A  N  V  O  R  O  O  Z
Z  S  I  N  L  J  U  V  Ý  S  M  M  N  L
O  R  T  D  P  F  N  N  O  Ť  J  A  A  I
F  J  C  O  R  V  V  O  K  S  C  T  L  V
I  F  O  H  F  O  H  S  S  J  Ť  I  I  O
A  D  P  W  J  V  Z  G  H  Ť  B  C  T  S
Ľ  U  D  S  T  V  O  U  N  T  T  K  A  Ť
S  Ú  C  I  T  J  H  Z  M  A  B  Ý  H  M
Ý  N  T  N  E  L  O  V  E  N  E  B  X  N
O  P  T  I  M  I  Z  M  U  S  Ý  P  Z  O
```

BENEVOLENTNÝ	TRPEZLIVOSŤ
SÚCIT	FILOZOFIA
DÔSTOJNOSŤ	RACIONALITA
DIPLOMATICKÝ	ROZUMNÝ
POCTIVOSŤ	ÚCTIVÝ
ĽUDSTVO	HODNOTY
LÁSKAVOSŤ	MÚDROSŤ
OPTIMIZMUS	

35 - Insects

```
G  C  H  R  O  B  Á  K  T  I  M  R  E  T
O  K  U  K  O  Z  B  S  D  V  R  W  F  A
G  Y  P  D  R  M  Z  S  P  Y  A  D  S  O
L  S  L  A  A  Ľ  B  S  Z  X  V  G  P  N
I  S  V  H  A  Ý  M  F  E  Ň  E  Š  R  S
E  L  T  V  K  T  W  T  H  U  C  Y  Á  I
N  R  D  D  Ž  O  L  D  A  R  N  Z  M  T
K  I  P  E  Á  M  B  U  K  A  C  Č  O  N
A  M  G  T  V  B  T  Y  A  D  A  E  K  A
V  O  Š  K  A  K  S  Z  L  Á  V  R  T  M
Š  V  Á  B  P  O  O  M  E  K  R  V  C  S
B  L  C  H  A  H  D  B  Č  I  A  J  E  A
X  Y  K  X  S  Z  O  X  V  C  L  V  X  V
S  V  Ä  T  O  J  Á  N  S  K  Y  L  M  X
```

MRAVEC	SRŠEŇ
VOŠKA	LIENKA
VČELA	LARVA
CHROBÁK	SVÄTOJÁNSKY
MOTÝĽ	MANTIS
CIKÁDA	KOMÁR
ŠVÁB	MOR
VÁŽKA	TERMIT
BLCHA	OSA
KOBYLKA	ČERV

36 - Astronomy

```
Ž  R  B  K  D  Z  F  A  T  E  K  A  R  N
I  O  A  V  O  N  R  E  P  U  S  S  M  V
A  V  X  K  R  Z  L  E  W  X  W  T  E  T
R  N  E  A  H  I  M  H  U  V  D  E  S  U
E  O  U  M  Y  P  E  O  R  K  C  R  I  A
N  D  Y  Y  B  E  Z  P  S  S  O  O  A  N
I  E  M  E  T  E  O  R  L  P  A  I  C  O
E  N  Ý  N  T  I  L  E  T  A  S  D  H  R
M  N  Z  V  N  N  P  L  A  N  É  T  A  T
O  O  V  F  T  E  I  D  Z  E  V  H  Ú  S
K  S  B  H  C  M  B  N  O  M  U  F  X  A
T  Ť  P  D  P  T  U  A  I  X  A  L  A  G
Z  U  G  V  D  A  N  I  V  O  L  M  H  H
J  S  X  A  V  Z  A  S  T  R  O  N  Ó  M
```

ASTEROID	METEOR
ASTRONAUT	MESIAC
ASTRONÓM	HMLOVINA
SÚHVEZDIE	PLANÉTA
KOZMOS	ŽIARENIE
ZEM	RAKETA
ZATMENIE	SATELITNÝ
ROVNODENNOSŤ	NEBA
GALAXIA	SUPERNOVA

37 - Health and Wellness #2

```
Y  A  Y  L  E  W  R  D  A  N  B  P  I  V
E  Z  J  W  R  A  N  E  I  G  Y  H  H  Ý
H  B  N  V  H  V  Í  L  G  É  H  N  C  Ž
G  U  R  O  O  W  M  Z  R  C  T  L  Z  I
G  E  I  R  Ó  L  A  K  E  H  H  A  D  V
U  I  N  N  T  A  T  T  L  O  M  I  R  A
N  N  L  E  J  Y  I  O  A  R  O  C  A  I
B  E  P  C  T  G  V  R  S  O  T  K  V  M
T  V  R  K  H  I  J  P  Y  B  N  E  Ý  Ó
G  O  G  D  S  U  K  U  S  A  O  F  T  T
Y  N  Z  C  E  I  Ť  A  C  P  S  N  G  A
K  B  E  N  E  R  G  I  A  M  Ť  I  K  N
P  O  N  E  M  O  C  N  I  C  A  O  I  A
S  T  R  E  S  E  M  A  S  Á  Ž  F  N  P
```

ALERGIA	NEMOCNICA
ANATÓMIA	HYGIENA
CHUŤ	INFEKCIA
KRV	MASÁŽ
KALÓRIE	VÝŽIVA
DIÉTA	OBNOVENIE
CHOROBA	STRES
ENERGIA	VITAMÍN
GENETIKA	HMOTNOSŤ
ZDRAVÝ	

38 - Time

```
U  J  E  K  O  R  P  F  R  K  N  S  N  S
X  R  N  A  D  E  C  B  A  U  K  T  E  K
M  Y  O  L  T  E  P  R  E  D  Y  O  N  O
D  E  S  E  S  E  S  V  H  R  W  R  K  R
J  P  I  N  C  P  R  A  N  I  D  O  H  Ý
R  D  O  D  K  A  W  A  Ť  W  Ť  Č  S  X
M  Á  H  Á  D  I  L  R  Z  R  S  I  Y  T
V  H  N  R  M  E  S  I  A  C  O  E  Y  M
S  Y  V  O  K  I  L  L  T  O  N  Č  N  B
Č  O  S  K  O  R  O  A  Ú  N  C  R  I  F
D  A  E  E  B  F  C  T  N  O  Ú  O  D  E
E  I  N  D  U  L  O  P  I  N  D  Č  O  K
Ň  E  D  Ž  Ý  T  S  Y  M  X  U  N  H  J
W  C  L  B  M  I  L  D  K  H  B  Ý  D  R
```

ROČNÝ	MINÚTA
PRED	MESIAC
KALENDÁR	RÁNO
STOROČIE	NOC
HODINY	POLUDNIE
DEŇ	TERAZ
DESAŤROČIE	ČOSKORO
SKORÝ	DNES
BUDÚCNOSŤ	TÝŽDEŇ
HODINA	ROK

39 - Buildings

```
T  Y  T  N  S  S  F  H  K  P  Y  U  N  P
O  H  R  A  D  T  B  O  H  A  S  Y  E  L
V  V  B  Ž  C  O  S  T  B  L  B  Y  S  F
Á  V  Z  E  D  D  A  E  K  O  E  Í  B  V
R  X  I  V  G  O  N  L  B  K  B  E  N  W
E  Y  E  V  K  L  A  T  T  Š  I  R  A  A
Ň  B  Y  T  C  A  M  Ú  Z  E  U  M  T  J
D  A  C  I  N  C  O  M  E  N  O  X  S  X
H  I  L  A  B  O  R  A  T  Ó  R  I  U  M
O  Y  V  I  R  N  E  Y  S  I  Y  S  V  J
S  D  X  A  D  I  O  H  K  D  F  I  A  C
T  B  R  X  D  K  W  T  S  A  M  D  N  Z
E  A  C  Z  W  L  C  F  Z  T  R  N  N  L
L  F  A  R  M  A  O  L  V  Š  U  L  T  Z
```

BYT	HOTEL
STODOLA	LABORATÓRIUM
KABÍNA	MÚZEUM
HRAD	ŠKOLA
KINO	ŠTADIÓN
TOVÁREŇ	STAN
FARMA	DIVADLO
NEMOCNICA	VEŽA
HOSTEL	

40 - Philanthropy

```
S  Ľ  Y  E  A  Y  H  A  H  P  K  V  P  U
B  K  U  K  B  T  Y  W  I  O  L  B  R  A
T  E  U  D  T  K  V  C  S  C  H  D  O  E
G  R  W  P  S  A  Z  Y  T  T  P  Z  G  A
S  D  P  A  I  T  Ý  D  Ó  I  O  D  R  F
Ž  Y  J  T  J  N  V  N  R  V  T  K  A  Ľ
E  L  E  I  C  O  Y  O  I  O  R  K  M  U
D  H  Y  R  A  K  E  F  A  S  E  O  Y  D
Á  E  Ť  A  V  O  R  A  D  Ť  B  M  Z  I
L  W  A  H  W  R  M  L  I  D  O  U  O  A
M  E  I  C  N  A  N  I  F  G  V  N  X  S
D  E  T  I  C  Z  P  R  S  N  A  I  H  H
V  E  R  E  J  N  O  S  Ť  I  Ť  T  J  C
Š  T  E  D  R  O  S  Ť  N  M  A  A  L  Z
```

VÝZVY   SKUPINY
CHARITA   HISTÓRIA
DETI   POCTIVOSŤ
KOMUNITA   ĽUDSTVO
KONTAKTY   MISIA
DAROVAŤ   POTREBOVAŤ
FINANCIE   ĽUDIA
FONDY   PROGRAMY
ŠTEDROSŤ   VEREJNOSŤ
CIELE   MLÁDEŽ

41 - Gardening

```
C  L  C  Ý  K  C  I  N  A  T  O  B  E  K
Á  Í  H  V  K  O  M  P  O  S  T  O  X  G
N  S  T  O  B  M  U  T  A  M  E  Z  O  B
E  T  Y  N  N  Ó  Z  E  S  L  V  A  T  M
M  I  T  I  H  U  R  D  T  I  K  X  I  T
E  E  O  T  X  A  B  J  E  D  L  É  C  N
S  C  W  E  U  N  D  K  P  Ô  D  A  K  T
L  A  A  V  S  I  J  I  T  B  M  C  Ý  P
V  C  D  K  R  P  J  N  C  K  L  Í  M  A
T  I  Y  T  A  Š  S  O  S  A  P  M  H  D
W  T  C  L  B  V  L  H  K  O  S  Ť  V  O
V  Y  K  O  N  T  A  J  N  E  R  V  X  V
H  K  L  J  R  I  O  F  O  F  S  D  K  F
B  V  N  C  N  B  S  J  H  N  K  K  Z  K
```

KVET
BOTANICKÝ
KYTICA
KLÍMA
KOMPOST
KONTAJNER
ŠPINA
JEDLÉ
EXOTICKÝ
KVETINOVÝ

LÍSTIE
HADICA
LIST
VLHKOSŤ
SAD
SEZÓNNY
SEMENÁ
PÔDA
DRUH
VODA

42 - Herbalism

```
R O Z M A R Í N L S P M K L
K M I E W M S T E L R Ä U A
A R O M A T I C K Ý O T C W
N Š A F R A N J I Z S A H S
S C N K C H U Ť N Á P D Á L
E I V T Ž K J O E H E F R E
C K B Z G O T L F R Š O S V
I T O G T U L W P A N R K A
N S O U I C I Z U D Ý E Y N
E S T R A G Ó N B A R G O D
O K A N P A N I L T S A R U
B A Z A L K A U P R L N J Ľ
Z E L E N Á K V E T V O M A
P E T R Ž L E N Á R O J A M
```

AROMATICKÝ	ZLOŽKA
BAZALKA	LEVANDUĽA
PROSPEŠNÝ	MAJORÁN
KUCHÁRSKY	MÄTA
FENIKEL	OREGANO
CHUŤ	PETRŽLEN
KVET	RASTLINA
ZÁHRADA	ROZMARÍN
CESNAK	ŠAFRAN
ZELENÁ	ESTRAGÓN

43 - Vehicles

```
J  K  T  S  A  R  L  E  K  Y  C  I  B  H
T  A  T  K  U  A  K  I  S  K  R  L  F  X
A  R  V  Ú  T  K  J  C  R  M  N  O  U  U
X  A  O  T  O  E  T  N  S  A  F  R  C  R
I  V  I  E  B  T  R  A  F  T  K  T  S  P
R  Á  I  R  U  O  O  L  D  A  T  E  I  L
K  N  O  B  S  P  T  U  W  V  H  M  T  G
L  A  T  M  M  L  O  B  Y  M  B  L  K  A
I  O  U  K  C  Á  M  M  K  W  J  W  J  I
A  T  Ď  E  R  N  O  A  K  R  O  N  O  P
H  U  R  G  J  S  S  T  R  A  K  T  O  R
P  A  T  R  A  J  E  K  T  P  X  W  S  R
P  N  E  U  M  A  T  I  K  Y  B  Y  C  Y
E  V  R  T  U  Ľ  N  Í  K  Y  T  P  R  M
```

LIETADLO	RAFT
AMBULANCIE	RAKETA
BICYKEL	SKÚTER
LOĎ	RAKETOPLÁN
AUTOBUS	PONORKA
AUTO	METRO
KARAVÁNA	TAXI
TRAJEKT	PNEUMATIKY
VRTUĽNÍK	TRAKTOR
MOTOR	

44 - Flowers

```
O  R  C  H  I  D  E  A  H  E  A  Y  A  A
J  G  A  R  D  É  N  I  A  F  H  O  B  Ľ
I  A  K  S  Á  R  K  O  M  D  E  S  Y  U
S  C  Z  A  I  L  Ó  N  G  A  M  J  N  D
E  I  L  M  A  M  Í  T  Z  P  N  Z  Á  N
B  T  V  J  Í  S  U  S  P  Ú  P  A  V  A
M  Y  T  Y  Z  N  U  P  T  U  J  Z  O  V
H  K  S  I  E  C  F  L  A  O  M  A  G  E
I  B  I  Š  T  E  K  U  C  C  K  E  R  L
N  E  C  H  T  Í  K  M  S  X  M  L  O  C
B  B  N  A  N  I  L  E  T  A  Ď  X  V  U
T  U  L  I  P  Á  N  R  D  E  N  A  M  H
P  I  V  O  N  K  A  I  S  I  C  R  A  N
I  R  D  R  W  C  U  A  I  L  A  Ľ  K  E
```

KYTICA	ORGOVÁN
NECHTÍK	ĽALIA
ĎATELINA	MAGNÓLIA
NARCIS	ORCHIDEA
SEDMOKRÁSKA	PIVONKA
PÚPAVA	LÍSTOK
GARDÉNIA	PLUMERIA
IBIŠTEK	MAK
JAZMÍN	TULIPÁN
LEVANDUĽA	

45 - Health and Wellness #1

```
Z  V  Y  K  H  L  A  D  B  I  Y  R  P  U
K  V  Y  N  Í  T  K  A  B  Č  E  I  L
L  Í  H  S  C  C  E  E  N  R  Z  L  B  I
I  R  V  B  V  Ň  X  P  L  I  C  A  A  D
N  U  Z  L  O  M  E  N  I  N  A  X  K  X
I  S  D  F  C  M  L  R  U  N  Ž  Á  T  Y
K  S  L  E  I  T  F  A  Á  A  O  C  É  D
A  M  W  J  T  A  E  H  O  K  K  I  R  R
V  Ý  Š  K  A  M  R  D  P  J  E  A  I  Z
H  O  R  M  Ó  N  Y  V  R  E  N  L  E  Z
V  I  Á  T  E  R  A  P  I  A  N  P  B  B
G  K  K  G  Z  T  Z  N  V  O  Z  Y  M  K
G  I  E  D  Ý  C  H  A  Ť  T  E  N  R  P
V  C  L  E  K  O  S  T  I  S  V  A  L  Y
```

AKTÍVNY	SVALY
BAKTÉRIE	NERVY
KOSTI	LEKÁREŇ
KLINIKA	REFLEX
LEKÁR	RELAXÁCIA
ZLOMENINA	KOŽA
ZVYK	TERAPIA
VÝŠKA	DÝCHAŤ
HORMÓNY	LIEČBA
HLAD	VÍRUS

46 - Town

```
D F O V T C E P U K H Í N K
V A K I N I L K K N P G Ó Z
T D U V M S M M I I P M I O
R G A L E T O H N Ž K B D O
H O K S I T E L O N T B A I
R L B Š E Y I A N I Z O T K
L D G C K T U N D C V P Š O
P A J R H O D N Á A K N A B
A V A V Z O L Ň E R Á K E L
D I D C G W D A J V S L I D
Y D P M Ú Z E U M M E T E V
S U P E R M A R K E T V V F
U N I V E R Z I T A E J C O
Y V G A L É R I A B P F D O
```

LETISKO	MÚZEUM
BANKA	LEKÁREŇ
KNÍHKUPECTVO	ŠKOLA
KINO	ŠTADIÓN
KLINIKA	OBCHOD
KVETINÁRSTVO	SUPERMARKET
GALÉRIA	DIVADLO
HOTEL	UNIVERZITA
KNIŽNICA	ZOO
TRH	

47 - Antarctica

```
E E H R G I E W O R V T S V
A I C Í D E P X E M T E K Ý
Z K X X A K O T Á Z Á P A S
P Á O U O F F G N Y K L L K
R Ľ L N N G B Z R K Y O N U
O A V I T A E Ý A A E T A M
S D O L V I I K C L F A T N
T O R A H C N C Y B W I Ý Í
R V T N Z Á O E F O X X A K
E C S A W R P D N L J D A T
D E O R J G N E B T R A D G
I V L H G I Y V O R T S O J
E X O C E M C T X I J L V X
T O P O G R A F I A I Ľ A D
```

ZÁLIV	ĽAD
VTÁKY	OSTROVY
OBLAKY	MIGRÁCIA
OCHRANA	POLOSTROV
KONTINENT	VÝSKUMNÍK
ZÁTOKA	SKALNATÝ
PROSTREDIE	VEDECKÝ
EXPEDÍCIA	TEPLOTA
GEOGRAFIA	TOPOGRAFIA
ĽADOVCE	VODA

48 - Ballet

```
S  Š  T  E  C  U  I  P  C  O  P  O  Z  P
K  T  A  X  H  M  N  U  F  Z  O  R  T  I
L  Ý  N  P  O  E  O  B  P  V  T  C  E  N
A  L  E  R  R  L  R  L  B  V  L  H  C  T
D  Ť  Č  E  E  E  Y  I  H  W  E  E  H  E
A  S  N  S  O  C  T  K  F  T  S  S  N  N
T  O  Í  Í  G  K  M  U  H  I  K  T  I  Z
E  N  C  V  R  Ý  U  M  S  U  D  E  K  I
Ľ  Č  I  N  A  G  S  M  F  V  D  R  A  T
B  U  C  Y  F  J  E  G  K  H  A  B  G  A
P  R  A  X  I  D  H  S  C  M  L  L  A  W
R  Z  A  T  A  J  M  A  T  U  H  L  Y  I
B  A  L  E  R  Í  N  A  K  O  R  S  M  C
F  S  K  Ú  Š  K  A  P  Ô  V  A  B  N  Ý
```

POTLESK	INTENZITA
UMELECKÝ	SVALY
PUBLIKUM	HUDBA
BALERÍNA	ORCHESTER
CHOREOGRAFIA	PRAX
SKLADATEĽ	SKÚŠKA
TANEČNÍCI	RYTMUS
EXPRESÍVNY	ZRUČNOSŤ
GESTO	ŠTÝL
PÔVABNÝ	TECHNIKA

49 - Human Body

```
Č  B  F  L  K  Z  K  S  U  L  D  P  U  B
E  K  O  N  E  L  O  K  C  H  C  D  Y  H
Ľ  H  R  X  H  G  S  R  H  D  L  D  E  V
U  Y  Á  V  N  K  T  K  O  U  U  A  E  S
S  E  V  N  W  O  I  G  C  H  V  T  V  S
Ť  H  T  M  A  N  H  E  C  D  R  S  R  A
E  J  S  O  N  E  M  A  R  H  C  Ú  V  Ž
K  C  R  Z  I  L  B  R  A  D  A  F  D  O
A  N  P  O  R  Č  H  I  W  O  J  N  R  K
L  E  G  G  L  G  X  M  Y  E  U  H  W  N
X  Y  I  B  R  O  O  E  B  S  C  G  N  S
U  Y  N  I  J  Z  V  M  G  D  W  L  F  A
W  A  Z  R  F  Z  O  J  V  T  H  I  D  F
R  U  K  A  D  O  A  N  O  S  C  F  U  C
```

ČLENOK	HLAVA
KRV	SRDCE
KOSTI	ČEĽUSŤ
MOZOG	KOLENO
BRADA	NOHA
UCHO	ÚSTA
LAKEŤ	KRK
TVÁR	NOS
PRST	RAMENO
RUKA	KOŽA

50 - Musical Instruments

```
T  L  E  L  S  U  H  N  Y  V  A  K  T  Z
A  B  K  P  O  H  T  A  A  I  O  L  R  Z
M  J  H  E  I  S  U  K  R  E  P  A  Ú  E
B  G  O  N  G  P  A  M  Í  F  J  R  B  M
U  A  R  H  O  K  N  O  V  Z  A  I  K  A
R  R  D  T  L  S  Í  I  A  U  E  N  A  R
Í  A  U  R  E  S  L  P  L  B  Z  E  J  I
N  T  F  O  Č  A  O  U  K  C  A  T  F  M
A  I  L  M  N  X  D  M  Y  D  A  N  M  B
Y  G  A  B  O  O  N  O  L  T  J  O  J  A
U  O  U  Ó  L  F  A  B  U  B  O  N  R  O
B  O  T  N  O  Ó  M  N  B  C  B  G  J  U
M  N  A  V  I  N  R  L  V  V  O  T  A  U
G  B  P  G  V  X  Y  D  B  W  H  T  L  F
```

BANJO	MANDOLÍNA
FAGOT	MARIMBA
VIOLONČELO	HOBOJ
ZVONKOHRA	PERKUSIE
KLARINET	KLAVÍR
BUBON	SAXOFÓN
FLAUTA	TAMBURÍNA
GONG	TROMBÓN
GITARA	TRÚBKA
HARFA	HUSLE

51 - Fruit

```
B  R  O  S  K  Y  Ň  A  R  K  X  W  K  O
E  N  Á  N  A  B  H  I  N  I  I  E  O  R
H  Ó  U  I  T  K  W  R  L  V  J  R  K  H
O  R  A  N  Ž  O  V  Ý  O  I  F  Z  O  F
H  T  R  N  J  Z  R  T  H  Z  D  M  S  A
F  I  G  A  Ň  Š  E  R  E  Č  N  B  O  L
N  C  A  E  M  A  R  H  U  L  E  O  V  G
B  Y  D  V  N  K  J  A  B  L  K  O  Ý  H
M  G  B  D  A  Š  J  A  T  H  Y  D  M  W
A  U  O  S  N  U  M  V  N  P  D  Á  S  E
N  R  B  Z  I  R  G  E  U  H  G  K  C  H
G  G  U  D  L  H  X  K  L  X  D  O  S  S
O  H  L  P  A  P  Á  J  A  Ó  K  V  U  V
M  T  E  M  M  H  X  L  S  Á  N  A  N  A
```

JABLKO
MARHULE
AVOKÁDO
BANÁN
BOBULE
ČEREŠŇA
KOKOSOVÝ
FIGA
HROZNO
GUAVA

KIVI
CITRÓN
MANGO
MELÓN
ORANŽOVÝ
PAPÁJA
BROSKYŇA
HRUŠKA
ANANÁS
MALINA

52 - Engineering

```
D W P E U J N S S R N J E P
G I X N H D Y I T O K V N R
U D A S O W E L A Z J A E I
F I T G L H D A B M Z B R E
S S F C R B O P I E L X G M
T T A A E A L P L R P J I E
R R N N H A M K I Y W Á A R
O I A I C K U R T Š N O K J
J B I L E S X O A R W L C Y
H Ú G A D S E T H Ĺ B K A B
E C P P D Y N O M L J H Y H
O I B A T O O M K I V W W I
H A L V K A L K U L Á C I A
Y D M K M E R A N I E N J H
```

UHOL	ENERGIA
OS	PÁKY
KALKULÁCIA	KVAPALINA
KONŠTRUKCIA	STROJ
HĹBKA	MERANIE
DIAGRAM	MOTOR
PRIEMER	POHON
NAFTA	STABILITA
ROZMERY	SILA
DISTRIBÚCIA	

53 - Kitchen

```
V  Z  N  V  R  A  J  Y  J  U  V  N  R  T
I  T  J  E  Ú  L  Y  Ž  I  C  E  P  L  Y
D  P  U  T  R  O  B  R  Ú  S  O  K  T  R
L  E  A  W  A  K  Č  I  N  D  A  L  H  C
I  C  R  L  M  K  J  E  S  Ť  M  E  B  R
Č  E  E  Z  I  M  A  D  R  D  I  U  M  R
K  R  T  D  B  Č  R  N  T  A  S  M  S  P
Y  Á  S  V  N  G  K  A  V  J  K  Z  G  E
U  H  Á  S  D  S  I  Y  Z  I  A  N  N  Z
O  O  Z  J  E  D  L  O  O  N  C  C  T  M
F  P  O  T  Ž  F  P  N  S  N  I  A  V  J
I  P  H  S  O  J  M  G  R  I  L  Č  N  T
Y  H  O  X  N  Á  B  Ž  D  V  B  B  K  D
K  O  R  E  N  I  E  H  U  B  K  A  K  A
```

ZÁSTERA	KANVICA
MISKA	NOŽE
PALIČKY	OBRÚSOK
POHÁR	RÚRA
JEDLO	RECEPT
VIDLIČKY	CHLADNIČKA
MRAZNIČKA	KORENIE
GRIL	HUBKA
JAR	LYŽICE
DŽBÁN	JESŤ

54 - Government

```
Y O D P M L V W J R Z P N R
X B L O Y M H K O G V O E E
G M Y K Ť S O N V O R L Z Č
P T A O V M L M C D Z I Á D
Ú H E J A L N O D A P T V E
U S Y N D Ú S D B N R I I M
W P T Ý E N A I M O E K S O
J A B A A K L S S Z D A L K
M M K Y V M H K Y Á O A O R
Y Ä L J I A Ú U M K R C S A
W T Á T Š D S S B O Á D Ť C
B N F X E G E I O N N O K I
K Í F B L D N A L B J V J A
Y K S N A I Č B O G Y O L S
```

OBČIANSKY	VODCA
ÚSTAVA	SLOBODA
DEMOKRACIA	PAMÄTNÍK
DISKUSIA	NÁROD
NESÚHLAS	POKOJNÝ
ROVNOSŤ	POLITIKA
NEZÁVISLOSŤ	REČ
SÚDNY	ŠTÁT
ZÁKON	SYMBOL

55 - Art Supplies

```
S T O J A N P A P I E R A T
S A Y K L E T S A P Z O T V
M O L D I P E L J U B L R O
F O T O A P A R Á T U E A R
T S Y N N P L M K Z H J M I
A A O D I I Á P E P L U E V
K K B L L X P N F S I F N O
V Č E U H O R M Y E E A T S
A I T M Ľ W H R J U M P S Ť
R L L Y R K A D O V J V O O
E O W B I J A C E R U Z K Y
L T C R C Y L M J U A R J M
Y S J A I D T P U G K B K P
I U G F E I I V B G R K N G
```

AKRYL	GUMA
KEFY	LEPIDLO
FOTOAPARÁT	NÁPADY
STOLIČKA	ATRAMENT
UHLIE	OLEJ
HLINA	PAPIER
FARBY	CERUZKY
PASTELKY	TABUĽKA
TVORIVOSŤ	VODA
STOJAN	AKVARELY

56 - Science Fiction

```
U  T  E  F  W  O  P  G  B  L  E  Y  R  N
T  E  A  U  R  D  R  A  T  Ó  M  O  V  Á
Ó  C  C  T  V  O  A  A  I  X  A  L  A  G
P  H  R  U  V  Ý  B  T  C  H  P  T  O  P
I  N  A  R  N  R  B  O  B  L  I  V  H  L
A  O  N  I  K  A  P  U  T  Ň  E  H  O  A
I  L  R  S  S  V  E  T  C  Y  W  I  D  N
Z  Ó  P  T  N  J  L  T  Y  H  I  N  K  É
Ú  G  E  I  L  Á  K  I  M  E  H  C  B  T
L  I  W  C  D  Y  S  T  O  P  I  A  S  A
I  A  F  K  I  M  A  G  I  N  Á  R  N  Y
X  Y  B  Ý  N  M  O  J  A  T  T  S  A  O
Y  E  X  T  R  É  M  N  Y  S  L  F  C  F
G  W  F  A  N  T  A  S  T  I  C  K  Ý  P
```

ATÓMOVÁ	GALAXIA
KNIHY	ILÚZIA
CHEMIKÁLIE	IMAGINÁRNY
KINO	TAJOMNÝ
DYSTOPIA	ORACLE
VÝBUCH	PLANÉTA
EXTRÉMNY	ROBOTY
FANTASTICKÝ	TECHNOLÓGIA
OHEŇ	UTÓPIA
FUTURISTICKÝ	SVET

57 - Geometry

```
D  P  T  D  O  P  K  D  D  H  G  B  Z  P
K  R  I  V  K  A  O  R  H  Y  W  V  H  R
H  X  L  U  N  K  W  D  U  E  S  Y  T  I
Y  O  X  T  B  I  O  M  I  H  W  V  E  E
X  L  R  O  A  G  G  F  T  E  F  Ý  Ó  M
I  S  H  I  E  O  T  Z  D  Y  L  Š  R  E
Z  Í  P  L  Z  L  C  H  P  Y  R  K  I  R
E  Č  P  Ť  S  O  N  T  O  M  H  A  A  R
P  O  V  R  C  H  N  Á  I  D  E  M  C  O
R  O  V  N  I  C  E  T  S  X  E  K  P  Z
S  Y  M  E  T  R  I  A  Á  K  B  H  B  M
D  B  S  E  G  M  E  N  T  L  O  H  U  E
K  A  L  K  U  L  Á  C  I  A  N  K  O  R
P  A  R  A  L  E  L  N  Ý  D  E  Y  N  A
```

UHOL	HMOTNOSŤ
KALKULÁCIA	MEDIÁN
KRUH	ČÍSLO
KRIVKA	PARALELNÝ
PRIEMER	PODIEL
ROZMER	SEGMENT
ROVNICE	POVRCH
VÝŠKA	SYMETRIA
HORIZONTÁLNY	TEÓRIA
LOGIKA	

58 - Creativity

```
V  S  P  O  N  T  Á  N  N  Y  F  Ť  S  D
P  Y  E  M  E  I  C  Ó  M  E  C  S  S  R
L  P  N  A  W  L  L  Y  H  I  Ý  O  H  A
Y  R  D  A  H  C  C  K  H  Z  K  V  G  M
N  A  N  O  L  I  N  T  U  Í  C  I  A  A
U  V  Á  I  J  I  P  G  Z  V  E  V  O  T
L  O  P  S  C  E  E  M  N  S  L  A  B  I
O  S  A  O  T  S  M  Z  V  B  E  T  R  C
S  Ť  D  A  I  H  H  A  A  R  M  S  Á  K
Ť  V  Y  G  C  H  D  R  B  V  U  D  Z  Ý
J  A  S  N  O  S  Ť  Ý  R  G  Ý  E  O  I
N  V  A  C  P  W  H  V  P  O  P  R  K  W
I  N  T  E  N  Z  I  T  A  G  W  P  L  O
I  N  Š  P  I  R  Á  C  I  A  U  E  N  E
```

UMELECKÝ	PREDSTAVIVOSŤ
PRAVOSŤ	DOJEM
JASNOSŤ	INŠPIRÁCIA
DRAMATICKÝ	INTENZITA
EMÓCIE	INTUÍCIA
VÝRAZ	VYNALIEZAVÝ
PLYNULOSŤ	POCIT
NÁPADY	SPONTÁNNY
OBRÁZOK	VÍZIE

59 - Airplanes

```
I  F  T  R  J  S  L  N  P  U  T  S  O  Z
I  D  H  W  N  J  A  Z  I  D  D  U  V  Z
Z  X  A  K  D  X  U  D  L  W  O  C  I  R
H  I  S  T  Ó  R  I  A  O  J  S  F  L  R
C  C  H  F  G  C  O  Z  T  P  M  X  A  M
U  Ú  P  E  I  T  Á  T  S  I  R  P  P  A
D  J  W  G  O  V  H  C  O  T  Z  E  J  T
Z  U  A  B  E  N  A  O  E  M  N  M  S  M
V  T  K  O  N  Š  T  R  U  K  C  I  A  O
T  S  D  E  Ó  R  J  V  R  T  U  L  E  S
B  E  Á  G  L  S  L  W  S  S  M  E  R  F
F  C  S  P  A  K  Š  Ý  V  O  D  Í  K  É
W  L  O  Z  B  T  G  T  X  G  V  A  T  R
I  F  P  S  X  I  X  B  V  F  E  B  J  A
```

VZDUCH	PALIVO
ATMOSFÉRA	VÝŠKA
BALÓN	HISTÓRIA
KONŠTRUKCIA	VODÍK
POSÁDKA	PRISTÁTIE
ZOSTUP	CESTUJÚCI
DIZAJN	PILOT
SMER	VRTULE
MOTOR	NEBA

60 - Ocean

```
M Y Z N U J E Z G A K L Ž M
X E R B V O B A K B U H R O
K T D U H D K C U X X W A R
S C H Ú O E C I R T S U L S
B K I V Z G S N X Ľ V G O K
P I A K Č A N T Y R O K K É
D R Z K I Z Ú O R S L S V R
N K Í C N I T B I T A H A I
T J C L P F E O A K R Ú B A
K R A B I F S H S A O M Y S
Y L Z N J V U C Y I K R R Y
W D W H Ú H O R B N P T Ľ I
W B K R E V E T Y U S O E U
D E L F Í N R G R T W W V B
```

RIASY	SOĽ
KORALOV	MORSKÉ RIASY
KRAB	ŽRALOK
DELFÍN	KREVETY
ÚHOR	HUBKA
RYBY	BÚRKA
MEDÚZA	PRÍLIV
CHOBOTNICA	TUNIAK
USTRICE	KORYTNAČKA
ÚTES	VEĽRYBA

61 - Force and Gravity

```
U E K O H X A A T I B R O F
N P L T W J A N L V R R O Y
I A D R R B K A A F I F B Z
V A Y O H E I U K V F Y J I
E I N E R T N U I N P U A K
R Z A Č A S A Y K F O L V A
Z N M R Ý C H L O S Ť H Y S
Á A I U P E C Z H O S M Y V
L P C G R B E U L D O O Y W
N X K S A T M P A I N T K R
Y E Ý W W Z N B L G B N H W
U M O K C P E E N R Y O H K
C P O H Y B W Y C G H S J I
M A G N E T I Z M U S Ť R Y
```

OS   HYBNOSŤ
CENTRUM   POHYB
OBJAV   ORBITA
DYNAMICKÝ   FYZIKA
EXPANZIA   TLAK
TRENIE   RÝCHLOSŤ
VPLYV   ČAS
MAGNETIZMUS   UNIVERZÁLNY
MECHANIKA   HMOTNOSŤ

62 - Birds

```
H O L U B I C A Y J C P V P
P X Y L N O R O L Z F E R L
G Š Z O A K V A L O V L A L
K G T K I R Á N A K R I N A
O O I R C Y W W V A A K A B
P S N O O D X S U I H Á T U
S X X X B S U H N N N N U Ť
K U K U Č K A J C E M W Č M
Z K K H E R R N W M W P N V
K A B A J Á G A P A P V I R
K U R A Č E O K Á L I A A A
J C P W G I P U V P O J K B
I X E W A I C T I K N E Z E
W A Z O C J D A A W S C T C
```

KANÁRIK   VOLAVKA
KURA   PŠTROS
VRANA   PAPAGÁJ
KUKUČKA   PÁV
HOLUBICA   PELIKÁN
KAČICA   TUČNIAK
OROL   VRABEC
VAJEC   BOCIAN
PLAMENIAK   LABUŤ
HUS   TUKAN

63 - Art

```
V  V  L  S  Z  A  S  Y  M  B  O  L  V  F
Ú  J  E  D  N  O  D  U  C  H  Ý  K  Y  X
K  P  N  Á  L  A  D  A  C  F  O  O  T  C
E  O  R  Ť  Z  K  S  J  G  P  B  M  V  P
R  S  E  I  N  E  Ž  O  L  Z  R  P  O  R
A  O  S  L  M  J  K  T  N  J  A  L  R  E
M  B  C  S  P  N  O  P  N  W  Z  E  I  D
I  N  G  E  U  B  Ý  B  Ô  G  Y  X  Ť  M
C  Ý  I  R  B  N  O  I  R  V  V  N  A  E
K  X  N  K  J  Y  X  B  O  Á  O  É  E  T
Ý  L  L  Y  M  B  T  O  P  K  Z  D  Y  B
U  X  F  V  V  Ý  R  A  Z  V  A  O  N  X
S  U  R  R  E  A  L  I  Z  M  U  S  K  Ý
K  G  X  S  O  C  H  A  I  Z  É  O  P  T
```

KERAMICKÝ	OBRAZY
KOMPLEXNÉ	OSOBNÝ
ZLOŽENIE	POÉZIA
VYTVORIŤ	VYKRESLIŤ
VÝRAZ	SOCHA
OBRÁZOK	JEDNODUCHÝ
ÚPRIMNÝ	PREDMET
NÁLADA	SURREALIZMUS
PÔVODNÝ	SYMBOL

64 - Nutrition

```
T  E  B  T  L  G  T  T  F  É  D  F  T  H
B  I  I  D  I  É  T  A  M  L  Y  A  M  F
H  V  E  N  Í  X  O  T  Z  D  R  A  V  Ý
O  A  L  T  E  K  G  B  D  E  M  K  A  C
R  R  K  Ž  E  S  B  J  A  J  Y  Č  P  T
K  D  O  R  I  K  A  C  H  U  Ť  Á  I  Ý
Ý  Z  V  J  N  V  U  V  I  T  A  M  Í  N
T  N  I  I  E  E  Í  T  K  Z  T  O  K  E
F  Á  N  P  V  I  M  N  I  H  A  F  V  Ž
L  V  Y  M  Á  W  S  P  G  N  U  M  A  Á
Z  Y  E  I  R  Ó  L  A  K  D  Y  E  L  V
N  K  X  P  T  V  N  R  T  A  S  H  I  Y
D  Y  D  I  R  A  H  C  A  S  U  Y  T  V
K  Y  H  M  O  T  N  O  S  Ť  A  P  A  V
```

CHUŤ	ZDRAVIE
VYVÁŽENÝ	ZDRAVÝ
HORKÝ	TEKUTINY
KALÓRIE	ŽIVÍN
SACHARIDY	BIELKOVINY
DIÉTA	KVALITA
TRÁVENIE	OMÁČKA
JEDLÉ	TOXÍN
KVASENIE	VITAMÍN
NÁVYKY	HMOTNOSŤ

65 - Hiking

```
J  P  Ú  K  O  M  Á  R  E  V  Y  G  O  M
L  Y  T  V  Y  K  S  V  H  O  F  X  R  N
Ý  N  E  V  A  N  U  L  B  D  F  P  I  J
V  Y  S  O  P  Č  A  M  N  A  E  O  E  Y
I  R  J  K  A  X  I  E  Z  K  J  Č  N  B
A  N  C  I  M  Ý  K  Ž  A  Ť  O  A  T  S
C  W  Á  H  K  S  X  P  M  E  K  S  Á  U
E  F  T  N  F  Y  D  C  Í  Y  Z  I  C  M
R  P  A  R  K  Y  D  R  L  A  I  E  I  M
B  J  R  E  N  E  M  A  K  H  X  Y  A  I
O  W  E  F  P  R  Í  P  R  A  V  A  T  T
M  B  I  A  J  R  I  M  J  V  G  Y  V  Z
Z  B  V  G  C  E  A  Ý  K  O  V  I  D  I
P  R  Z  C  V  C  A  U  W  P  B  O  C  L
```

ZVIERATÁ	ORIENTÁCIA
ČIŽMY	PARKY
KEMP	PRÍPRAVA
ÚTES	KAMENE
KLÍMA	SUMMIT
ŤAŽKÝ	SLNKO
MAPA	UNAVENÝ
KOMÁRE	VODA
VRCH	POČASIE
POVAHA	DIVOKÝ

66 - Professions #1

```
C E B M S S A E D I T O R H
B S E G Ó X D A D F Y V V F
J W G N D N V K R A J Č Í R
X S L G Ó L O H C Y S P L B
T R É N E R K R G J C I E A
K Í N R O M Á N T E Z X K N
E W C W J K T U D S O H Á K
H U D O B N Í K J A A L R Á
E S K L E N O T N Í K T Ó R
B E V E Ľ V Y S L A N E C G
K S X L O V E C O H V R R S
K T P I N Š T A L A T É R T
T R T A N E Č N Í K H I D F
N A K L A V I R I S T A S Y
```

VEĽVYSLANEC   LOVEC
ASTRONÓM   KLENOTNÍK
ADVOKÁT   HUDOBNÍK
BANKÁR   SESTRA
TRÉNER   KLAVIRISTA
TANEČNÍK   INŠTALATÉR
LEKÁR   PSYCHOLÓG
EDITOR   NÁMORNÍK
GEOLÓG   KRAJČÍR

67 - Barbecues

```
H  G  O  H  F  W  P  J  H  V  Z  K  V  P
A  U  F  N  Z  X  A  E  F  O  T  E  L  G
L  X  D  A  L  H  R  D  K  R  R  U  P  O
H  P  F  B  F  L  A  L  U  O  S  Ú  N  P
D  R  U  B  A  W  D  O  R  D  A  O  C  L
B  O  Y  W  K  E  A  B  A  I  T  E  D  I
L  Z  T  E  Č  I  J  F  N  N  K  J  L  R
K  P  Á  A  Á  C  K  K  W  A  G  N  W  G
J  U  L  J  M  O  Y  S  O  Ľ  I  Y  T  H
F  G  A  Y  O  V  I  D  L  I  Č  K  Y  U
F  H  Š  B  A  O  U  G  N  O  Ž  E  J  Y
V  E  Č  E  R  A  N  I  N  E  L  E  Z  O
O  E  M  Z  N  W  W  U  X  Y  U  Z  G  L
P  R  I  A  T  E  L  I  A  P  U  M  W  I
```

KURA	HORÚCI
DETI	HLAD
VEČERA	NOŽE
RODINA	HUDBA
JEDLO	ŠALÁTY
VIDLIČKY	SOĽ
PRIATELIA	OMÁČKA
OVOCIE	LETO
HRY	PARADAJKY
GRIL	ZELENINA

68 - Chocolate

```
R Y B Y W Ý X X C R R K J B
C U K R O V Í K H E E A E N
W L N C G O O A U M C L S V
Ý Y U U G S T R Ť E E Ó Ť Y
K R Ý K R O H A W S P R S K
C X P O E K O M N E T I S V
I S P R S O T E Y L K E L A
T V U R H K Ý L R N F W A L
O B Ľ Ú B E N Ý F É L W D I
X S D T O Y D I Š A R A K T
E B G D B R O D W A M L Ý A
V M U F F T H U F X C Ó D T
K A K A O F A K Ž O L Z R K
S Y V B C Y L S J Y D W C A
```

ARÓMA	OBĽÚBENÝ
REMESELNÉ	ZLOŽKA
HORKÝ	ARAŠIDY
KAKAO	KVALITA
KALÓRIE	RECEPT
CUKROVÍ	CUKOR
KARAMEL	SLADKÝ
KOKOSOVÝ	CHUŤ
LAHODNÝ	JESŤ
EXOTICKÝ	

69 - Vegetables

```
C Z K K I E A V K R M E U B
J N G R V B K R E L E Z H R
W W U V V W T O T I V E O O
J P T W H C O V Š I A U R K
K A R F I O L Z K A Č I K O
A B R I W W A Á V Ľ L O A L
N U B E N I Š Z A U H Á K I
S H A Š Ď U M A K B D K T C
E F K P S K W C A I V O M A
C I L E D A O I H C A R H B
I K A N E X P V F G Z N Y D
T P Ž Á F P H K K V X X S F
A E Á T F U N E F A H A D H
U W N E L Ž R T E P K I F D
```

ARTIČOK
BROKOLICA
MRKVA
KARFIOL
ZELER
UHORKA
BAKLAŽÁN
CESNAK
ZÁZVOR
HUBA

CIBUĽA
PETRŽLEN
HRACH
TEKVICA
REĎKOVKA
ŠALÁT
ŠALOTKA
ŠPENÁT
KVAKA

70 - The Media

```
K  O  I  D  Á  R  V  Y  D  A  N  I  E  Y
O  Ý  N  Č  R  E  M  O  K  G  E  O  A  S
M  J  T  P  R  I  E  M  Y  S  E  L  E  G
U  Ť  E  I  S  M  I  E  S  T  N  Y  Z  Y
N  Ť  L  I  P  D  I  G  I  T  Á  L  N  Y
I  S  E  F  F  O  Z  U  N  M  A  E  S  F
K  O  K  T  O  A  S  K  J  R  S  F  F  A
Á  N  T  Y  H  S  R  T  Z  F  A  K  T  Y
C  J  U  I  I  W  V  G  O  R  O  Z  Á  N
I  E  Á  N  J  H  W  N  O  J  T  H  U  I
A  R  L  V  C  K  E  V  R  T  E  M  W  V
O  E  N  I  L  N  O  W  T  D  O  L  U  O
E  V  Y  S  I  P  O  S  A  Č  M  F  X  N
F  I  N  A  N  C  O  V  A  N  I  E  F  A
```

POSTOJE	MIESTNY
KOMERČNÝ	ČASOPISY
KOMUNIKÁCIA	SIEŤ
DIGITÁLNY	NOVINY
VYDANIE	ONLINE
FAKTY	NÁZOR
FINANCOVANIE	FOTOGRAFIE
PRIEMYSEL	VEREJNOSŤ
INTELEKTUÁLNY	RÁDIO

71 - Boats

```
N  Á  M  O  R  N  Ý  C  H  I  N  G  X  R
R  Z  B  E  X  T  W  M  V  D  G  S  Y  U
S  I  U  V  O  C  M  I  O  N  Y  G  X  D
R  F  E  J  A  Z  E  R  O  T  F  A  R  C
R  P  P  K  O  D  A  H  G  W  O  M  F  S
L  O  S  K  A  V  T  O  K  U  O  R  P  T
N  I  P  L  A  C  H  E  T  N  I  C  A  O
Á  B  F  P  J  V  C  R  K  Á  E  K  P  Ž
M  T  V  E  Ó  U  A  O  E  E  H  A  O  I
O  A  Y  J  B  G  J  M  J  C  G  J  S  A
R  U  J  V  T  O  V  V  A  O  L  A  Á  R
N  T  P  T  B  T  A  H  R  J  A  K  D  F
Í  G  Y  W  P  C  G  T  T  D  N  W  K  V
K  R  K  A  N  O  E  Y  F  E  O  D  A  H
```

KOTVA	STOŽIAR
BÓJA	NÁMORNÝCH
KANOE	OCEÁN
POSÁDKA	RAFT
DOK	RIEKA
MOTOR	LANO
TRAJEKT	PLACHETNICA
KAJAK	NÁMORNÍK
JAZERO	MORE
LIFEBOAT	JACHTA

72 - Activities and Leisure

```
B  Z  E  Z  P  O  B  R  A  Z  U  G  P  L
E  X  I  B  O  R  J  P  E  Z  M  K  L  B
S  V  N  O  T  W  E  S  J  L  E  F  Á  K
H  O  A  X  Á  E  F  L  O  G  N  P  V  O
L  R  V  U  P  M  E  K  A  I  I  L  A  N
B  O  O  P  A  U  M  D  J  X  E  Z  N  Í
V  A  T  L  N  T  E  N  I  S  A  I  I  Č
D  H  S  L  I  P  P  B  B  A  K  Č  E  K
G  N  E  K  E  J  D  M  E  L  J  S  N  Y
I  T  C  C  E  A  C  O  E  J  Y  D  W  Ý
T  T  L  U  T  T  I  B  S  N  Z  D  T  A
J  H  G  E  T  X  B  B  R  N  R  B  T  V
O  V  T  C  Í  N  D  A  R  H  Á  Z  A  U
F  U  T  B  A  L  V  O  L  O  B  Y  R  L
```

UMENIE	GOLF
BEJZBAL	KONÍČKY
BASKETBAL	OBRAZ
BOXU	RELAXAČNÝ
KEMP	FUTBAL
POTÁPANIE	PLÁVANIE
RYBOLOV	TENIS
ZÁHRADNÍCTVO	CESTOVANIE

73 - Driving

```
E N Y C Z K I Z I D X P F T
B E Z P E Č N O S Ť A U T O
M A S U R H M A P A C G L P
R D O G C S K C N U I A I E
M O T O C Y K E L L L V C Š
V H T I H C K P C P U A E E
O E T O Ť S O L H C Ý R N J
D N U G M X V Y C K L P C T
I E N T L E I N D E B O I B
Č I E V E C L I G Z S D A I
N Z L P B A A P K S R T E P
G A R Á Ž I P N T S A B A S
N Á K L A D N É A U T O A K
P O L Í C I A B X E Z V T P
```

NEHODA   MOTOCYKEL
BRZDY   PEŠEJ
AUTO   POLÍCIA
VODIČ   CESTA
PALIVO   BEZPEČNOSŤ
GARÁŽ   RÝCHLOSŤ
PLYN   ULICA
LICENCIA   DOPRAVA
MAPA   NÁKLADNÉ AUTO
MOTOR   TUNEL

74 - Professions #2

```
A  C  R  G  F  E  F  I  L  O  Z  O  F  E
N  S  O  I  A  L  P  Y  R  H  Y  T  W  H
O  Z  T  L  R  V  I  B  E  H  O  D  W  N
V  O  Á  R  G  K  Í  N  D  A  R  H  Á  Z
I  O  R  Á  O  P  K  V  G  Ó  L  O  I  B
N  L  T  B  T  N  U  I  F  V  Z  E  X  D
Á  Ó  S  U  O  I  A  Ľ  E  T  I  Č  U  O
R  G  U  Z  F  I  S  U  W  L  M  S  N  R
M  A  L  I  A  R  C  S  T  P  E  J  T  Z
C  H  I  R  U  R  G  H  S  N  J  K  X  A
S  K  W  B  I  N  Ž  I  N  I  E  R  Á  M
V  Y  N  Á  L  E  Z  C  A  L  B  I  V  R
F  A  R  M  Á  R  D  E  T  E  K  T  Í  V
P  I  L  O  T  K  N  I  H  O  V  N  Í  K
```

ASTRONAUT	KNIHOVNÍK
BIOLÓG	LINGVISTA
ZUBÁR	MALIAR
DETEKTÍV	FILOZOF
INŽINIER	FOTOGRAF
FARMÁR	LEKÁR
ZÁHRADNÍK	PILOT
ILUSTRÁTOR	CHIRURG
VYNÁLEZCA	UČITEĽ
NOVINÁR	ZOOLÓG

75 - Emotions

```
P O K O J L H N E V F H G Ť
Y O Y V F D Á G A N F H C S
S L B Z N T N S W E X R O O
C P S T R A C H K M I E R V
R Z O V C H J A I A D U N A
U J S K Z E J S S M Ú T O K
S V V P O N G B O K X M M S
Y R O D T J P O K O J N Ý Á
M A V Ľ V D N S L W C B F L
P D T W N E I Ý R E L I É F
A O E I N E P A V K E R P N
T S P S O A N N A D Š E N Ý
I Ť Y N N C J Ý N Č A Ď V B
E W B L A Ž E N O S Ť A S A
```

HNEV
BLAŽENOSŤ
NUDA
POKOJNÝ
OBSAH
NADŠENÝ
STRACH
VĎAČNÝ
RADOSŤ
LÁSKAVOSŤ

LÁSKA
MIER
UVOĽNENÝ
RELIÉF
SMÚTOK
SPOKOJNÝ
PREKVAPENIE
SYMPATIE
NEHA
POKOJ

76 - Mythology

```
Ý  N  Ľ  E  T  R  M  S  P  A  V  A  P  E
L  E  K  A  T  A  S  T  R  O  F  A  O  V
P  B  I  A  H  B  L  E  S  K  W  R  M  D
R  O  B  N  D  T  V  O  R  H  W  E  S  B
E  T  Ž  I  A  T  V  O  R  B  A  Š  T  O
S  J  I  D  Á  V  T  S  Ž  O  B  Í  A  J
V  H  A  R  T  S  Á  U  A  G  Z  R  K  O
E  S  R  H  R  O  M  R  K  Z  T  P  U  V
D  H  L  E  C  B  E  M  P  M  S  D  L  N
Č  H  I  S  O  A  T  O  T  S  S  R  T  Í
E  L  V  A  R  C  H  E  T  Y  P  Z  Ú  K
N  U  O  L  E  G  E  N  D  A  Y  X  R  U
I  S  S  F  C  U  T  N  I  R  Y  B  A  L
E  L  Ť  S  O  N  Ľ  E  T  R  M  S  E  N
```

ARCHETYP	NESMRTEĽNOSŤ
SPRÁVANIE	ŽIARLIVOSŤ
PRESVEDČENIE	LABYRINT
TVORBA	LEGENDA
TVOR	BLESK
KULTÚRA	PRÍŠERA
BOŽSTVÁ	SMRTEĽNÝ
KATASTROFA	POMSTA
NEBO	HROM
HRDINA	BOJOVNÍK

77 - Hair Types

```
K P B C B B Z V Ý N V L K T
U K L W X Ý Y R K L I L D E
Č A O C N T Z K M Ä K K Ý N
E Y N R E I Č Ô G S U S D K
R K D D U N O Č E D V O E Ý
A T D X Y L G I K F X P N L
V Á K I W V É K N G U H H Z
Ý R C X E D N Y S U C H Ý D
Z K F Z O U E L R D J F X R
W L Ý Z Y Ý T A Š E L P O A
E W Š B W M E F Y J O H R V
Y R E Č U K L B I E L Y Ý Ý
I Z D F M R P I N P K W W X
E N Á F U C H F A R E B N É
```

PLEŠATÝ	ŠEDÁ
ČIERNY	ZDRAVÝ
BLOND	DLHÝ
PLETENÉ	LESKLÝ
VRKÔČIKY	KRÁTKY
HNEDÝ	MÄKKÝ
FAREBNÉ	HRUBÝ
KUČERY	TENKÝ
KUČERAVÝ	VLNITÝ
SUCHÝ	BIELY

78 - Garden

```
G  I  N  T  H  N  E  T  L  B  S  Z  U  H
B  A  D  A  R  H  Á  Z  E  X  G  V  R  C
H  T  R  V  S  T  R  O  M  R  R  F  F  J
D  A  S  Á  I  A  Z  C  B  L  A  T  T  T
M  P  S  R  Ž  X  L  W  K  A  W  S  C  T
Z  O  A  T  M  I  E  L  D  V  K  O  A  R
E  L  B  A  R  H  S  E  H  I  V  M  D  A
V  A  V  A  Z  S  M  L  P  Č  E  R  N  M
D  J  K  I  N  V  Á  R  T  K  T  O  A  P
Z  M  C  C  N  P  L  O  T  A  V  C  R  O
X  T  R  I  W  I  R  Y  B  N  Í  K  E  L
K  E  R  X  V  J  Č  B  V  H  V  R  V  Í
H  O  J  D  A  C  I  A  S  I  E  Ť  A  N
H  A  D  I  C  A  B  U  R  I  N  Y  J  A
```

LAVIČKA	SAD
KER	RYBNÍK
PLOT	VERANDA
KVET	HRABLE
GARÁŽ	LOPATA
ZÁHRADA	TERASA
TRÁVA	TRAMPOLÍNA
HOJDACIA SIEŤ	STROM
HADICA	VINIČ
TRÁVNIK	BURINY

79 - Diplomacy

```
H  U  M  A  N  I  T  Á  R  N  Y  P  M  Z
D  I  S  K  U  S  I  A  D  Á  L  V  F  A
V  M  O  B  A  Y  C  J  Y  Y  H  U  A  H
E  M  N  E  A  K  E  I  N  E  Š  E  I  R
Ľ  L  H  Z  T  S  I  O  N  Y  N  S  N  A
V  N  R  P  I  N  T  E  G  R  I  T  A  N
Y  V  P  E  N  A  U  P  Z  M  H  Z  Č  I
S  E  O  Č  U  I  N  T  O  M  T  Y  B  Č
L  T  L  N  M  Č  D  O  F  R  L  Y  O  N
A  I  I  O  O  B  O  L  F  O  A  U  W  Ý
N  K  T  S  K  O  H  Z  S  V  M  D  V  R
E  A  I  Ť  O  T  Z  F  U  M  I  C  C  A
C  Y  K  L  Y  R  O  U  L  E  X  E  I  A
L  H  A  A  C  Á  R  P  U  L  O  P  S  I
```

PORADCA	VLÁDA
VEĽVYSLANEC	HUMANITÁRNY
OBČANIA	INTEGRITA
OBČIANSKY	POLITIKA
KOMUNITA	ROZHODNUTIE
SPOLUPRÁCA	BEZPEČNOSŤ
DISKUSIA	RIEŠENIE
ETIKA	ZMLUVA
ZAHRANIČNÝ	

80 - Countries #1

```
C K O K S N A I L A T K N E
M L T A I F X P B X P Y Ó P
S A O N D R Í P O K Y C R O
O G B A E V A N K D G L S Z
K E W D M F A K S U E Í K A
S N L A A U U O N K S B O J
L E E V N W G K U N O Y K B
E S A M T K A S M Y L A O R
I B R I E I R Š U T L I R A
N I Z C I C A Y R S S T A Z
A N I G V Z K T L O B D M Í
P A N A M A I O K S Ľ O P L
Š F T T E L N L Z B Y L S I
V E N E Z U E L A G P O X A
```

BRAZÍLIA	MAROKO
KANADA	NIKARAGUA
EGYPT	NÓRSKO
FÍNSKO	PANAMA
NEMECKO	POĽSKO
IRAK	RUMUNSKO
IZRAEL	SENEGAL
TALIANSKO	ŠPANIELSKO
LOTYŠSKO	VENEZUELA
LÍBYA	VIETNAM

81 - Adjectives #1

```
A R O M A T I C K Ý B D A Y
A H J F Y T E N K Ý N G M W
B C A T R A K T Í V N Y B V
A B S O L Ú T N Y A R G I O
Š T E D R Ý Ý L A M O P C T
Š Ť A S T N Ý Ú Z T I H I I
U M E L E C K Ý P L G F Ó Ť
T Z P Y I N Z D S R O R Z A
C O E X O T I C K Ý I K N Ž
E E T D Ô L E Ž I T Ý M Y K
N K V O U E X H P H P S N Ý
N F N D Ž U Ž I T O Č N Ý Ý
Ý D Y B Y N S Á R K Y N B R
V Á Ž N Y H Ý N R E D O M Y
```

ABSOLÚTNY	ŤAŽKÝ
AMBICIÓZNY	UŽITOČNÝ
AROMATICKÝ	ÚPRIMNÝ
UMELECKÝ	TOTOŽNÝ
ATRAKTÍVNY	DÔLEŽITÝ
KRÁSNY	MODERNÝ
TMAVÝ	VÁŽNY
EXOTICKÝ	POMALÝ
ŠTEDRÝ	TENKÝ
ŠŤASTNÝ	CENNÝ

82 - Rainforest

```
C U R D K O M U N I T A O O
E Ť S O D O R O N Z Ô R B B
N K U M H L E W X E Y C N L
N P L O U M N A C N H I O A
Ý N P R R I Y K Á T V C V K
P H U O D Z V Z W V F A A Y
G R Y D S P F E G E H V H M
D H E Ý D Ž U N G L E C A N
B D B Ž Z K L Í M A T E V E
O Ý K C I N A T O B S L O F
P Ť A V O T K E P Š E R P N
R T S O K S I Č O T Ú O H N
Z K K Y R L J E G Z O C J Z
Z A C H O V A N I E U A I D
```

VTÁKY	MACH
BOTANICKÝ	POVAHA
KLÍMA	ZACHOVANIE
OBLAKY	ÚTOČISKO
KOMUNITA	REŠPEKTOVAŤ
RÔZNORODOSŤ	OBNOVA
DOMORODÝ	DRUH
HMYZ	PREŽITIE
DŽUNGLE	CENNÝ
CICAVCE	

83 - Landscapes

```
T U N D R A L E K Z P K V R
K O R U Í M R A I Č O M R R
O C I E Z A O U G F L Z C X
P E E W J V O R T S O V H K
E Á K E E S P F E N S E T Ú
C N A N G Z O Ú C H T J Ľ E
Ú D O L I E Z P Š H R A A Y
J A S K Y Ň A A K Ť O Z D T
C Y I G V X G F O A V E O T
F E R W D Á P O D O V R V U
H P W J P O A D D Á R O E Y
H N W H O J F X P Z R J C U
P I D P O A E F R A Y F Y A
Z D N R O U P Y P L Á Ž O P
```

PLÁŽ	OÁZA
JASKYŇA	OCEÁN
ÚTES	POLOSTROV
PÚŠŤ	RIEKA
GEJZÍR	MORE
KOPEC	MOČIAR
ĽADOVEC	TUNDRA
OSTROV	ÚDOLIE
JAZERO	SOPKA
VRCH	VODOPÁD

84 - Plants

```
Z  S  B  K  O  R  E  Ň  M  I  P  I  B  Y
K  T  Y  O  H  F  K  V  B  E  S  E  P  S
X  O  N  V  B  S  D  D  N  X  F  D  O  C
L  N  M  I  K  U  J  Y  A  K  K  E  R  B
Í  K  R  J  A  B  L  T  T  V  A  O  C  O
S  A  F  O  K  M  K  E  Č  E  V  S  F  T
T  D  M  N  T  A  U  T  E  T  A  T  V  A
I  A  A  H  U  B  S  P  R  R  J  R  T  N
E  R  C  B  S  H  L  F  B  Á  W  O  L  I
K  H  H  F  L  Ó  R  A  A  I  V  M  E  K
A  Á  W  C  N  L  M  C  N  Z  X  A  S  A
Z  Z  O  C  Z  M  T  D  P  I  U  Z  P  S
H  L  Í  S  T  O  K  O  V  H  C  Ľ  G  V
V  E  G  E  T  Á  C  I  A  G  B  L  A  B
```

BAMBUS	LES
FAZUĽA	ZÁHRADA
BOBULE	TRÁVA
BOTANIKA	BREČTAN
KER	MACH
KAKTUS	LÍSTOK
HNOJIVO	KOREŇ
FLÓRA	STONKA
KVET	STROM
LÍSTIE	VEGETÁCIA

85 - Boxing

```
O  I  O  D  L  P  F  W  Y  C  J  B  Z  N
U  L  O  B  N  O  V  E  N  I  E  O  R  B
O  L  E  K  X  G  S  I  H  G  U  J  U  O
P  E  C  T  O  G  I  H  V  B  I  O  Č  D
B  B  I  Ú  G  P  L  R  X  N  R  V  N  Y
G  R  V  R  I  A  A  J  H  G  F  N  O  H
Ý  N  A  P  R  E  Č  Y  V  J  D  Í  S  T
A  F  K  D  R  Ý  C  H  L  Y  K  K  Ť  N
M  B  U  A  A  C  D  O  H  Z  O  R  L  P
N  Y  R  S  Ú  P  E  R  L  N  B  H  A  L
Z  A  M  E  R  A  Ť  A  A  T  K  A  K  A
P  Ä  S  Ť  A  I  N  E  N  A  R  Z  E  C
I  T  S  X  N  A  M  P  Á  I  S  I  Ť  N
N  F  C  U  T  C  U  R  W  H  W  J  J  L
```

BELL	ZRANENIA
TELO	KOP
BRADA	SÚPER
RÚT	BODY
LAKEŤ	RÝCHLY
VYČERPANÝ	OBNOVENIE
BOJOVNÍK	ROZHODCA
PÄSŤ	LANÁ
ZAMERAŤ	ZRUČNOSŤ
RUKAVICE	SILA

86 - Countries #2

```
L A O S S N I G É R I A X S
S U D Á N O K I X E M B X J
J H A I T I M L I B A N O N
A D N A G U L Á P E N F P E
P G R É C K O P L S S R A J
O K K D Á N S K O S D I K P
N U J E B R F R L G K O I A
S P S Ý R I A E U H B O S L
K F B A C N K T D S Z A T B
O W O S X K J I A G K T A Á
I Z V K T I A Ó F M E O N N
X B P K I D M P B B Z P Y S
X R O L I H A I R É B I L K
R Z Z A N I J A R K U P L O
```

ALBÁNSKO
DÁNSKO
ETIÓPIA
GRÉCKO
HAITI
JAMAJKA
JAPONSKO
LAOS
LIBANON
LIBÉRIA

MEXIKO
NEPÁL
NIGÉRIA
PAKISTAN
RUSKO
SOMÁLSKO
SUDÁN
SÝRIA
UGANDA
UKRAJINA

87 - Ecology

```
R  P  G  L  O  B  Á  L  N  Y  Z  A  D  N
A  S  A  F  G  P  I  W  R  B  D  F  J  K
S  O  A  Ý  N  Ľ  E  T  A  Ž  R  D  U  M
T  Ý  F  P  R  G  R  A  I  Č  O  M  O  V
L  N  T  A  T  I  B  A  H  M  J  X  M  V
I  E  U  B  U  G  B  S  K  H  E  K  O  E
N  Z  P  P  D  N  X  C  U  E  N  N  R  G
Y  D  X  I  O  Y  A  O  B  C  X  T  S  E
R  O  A  V  E  V  J  Y  W  H  H  M  K  T
O  R  A  M  S  U  A  R  Ó  L  F  O  Ý  Á
H  I  K  L  Í  M  A  H  U  R  D  E  V  C
P  R  E  Ž  I  T  I  E  A  M  W  Z  J  I
R  P  R  Ô  Z  N  O  R  O  D  O  S  Ť  A
K  O  M  U  N  I  T  Y  K  P  S  F  Z  F
```

KLÍMA

KOMUNITY

RÔZNORODOSŤ

SUCHO

FAUNA

FLÓRA

GLOBÁLNY

HABITAT

MORSKÝ

MOČIAR

HORY

PRIRODZENÝ

POVAHA

RASTLINY

ZDROJE

DRUH

PREŽITIE

UDRŽATEĽNÝ

VEGETÁCIA

88 - Adjectives #2

```
P R O D U K T Í V N Y V W E
Z A U J Í M A V Ý B J C Z L
A U T E N T I C K Ý H K M E
Z O N O V Ý N D A L H R L G
M M I Y Y N V Á L S X E N A
O U I R A S S A V N Z A A N
N S D N O I C Ú R O H T D T
A D P L G P N D A D L Í A N
G N A A H O B R I I Z V N Ý
B F S P L P S I L N Ý N Ý K
H A R M M Ý Ý H C U S Y B I
S L A N Ý N D E V O P D O Z
G F D P R I R O D Z E N Ý U
V B F X H Y H D I V O K Ý E
```

AUTENTICKÝ	ZAUJÍMAVÝ
KREATÍVNY	PRIRODZENÝ
POPISNÝ	NOVÝ
SUCHÝ	PRODUKTÍVNY
ELEGANTNÝ	HRDÝ
SLÁVNY	ZODPOVEDNÝ
NADANÝ	SLANÝ
ZDRAVÝ	OSPALÝ
HORÚCI	SILNÝ
HLADNÝ	DIVOKÝ

89 - Psychology

```
K  T  L  G  T  L  N  P  E  O  E  U  D  M
O  K  G  P  H  K  Á  O  M  S  G  K  E  G
N  H  V  Z  Z  N  P  Z  Ó  O  P  E  T  N
F  O  N  B  W  U  A  N  C  B  R  I  S  I
L  D  Í  K  O  B  D  A  I  N  O  N  T  T
I  N  M  S  L  G  Y  N  E  O  B  A  V  E
K  O  A  Z  P  I  J  I  C  S  L  V  O  R
T  T  N  N  G  R  N  E  D  Ť  É  O  A  A
E  E  I  Y  P  D  Á  I  E  A  M  N  R  P
B  N  E  C  K  I  G  V  C  J  U  E  E  I
J  I  P  O  C  I  T  V  A  K  M  M  U  A
T  E  R  E  A  L  I  T  A  N  Ý  Y  N  S
M  Y  Š  L  I  E  N  K  Y  T  I  V  L  H
P  O  D  V  E  D  O  M  I  E  A  E  U  F
```

VYMENOVANIE	NÁPADY
HODNOTENIE	VNÍMANIE
SPRÁVANIE	OSOBNOSŤ
DETSTVO	PROBLÉM
KLINICKÝ	REALITA
POZNANIE	POCIT
KONFLIKT	PODVEDOMIE
SNY	TERAPIA
EGO	MYŠLIENKY
EMÓCIE	

90 - Math

```
R  O  V  N  O  B  E  Ž  N  Í  K  X  M  W
D  E  S  A  T  I  N  N  É  M  D  U  N  P
S  Ú  Č  E  T  K  I  N  Ž  Ĺ  D  B  O  U
P  S  Y  M  E  T  R  I  A  G  X  S  H  M
H  A  L  S  Í  Č  A  G  Y  M  B  A  O  A
G  O  R  E  X  P  O  N  E  N  T  D  U  R
E  D  C  A  I  R  T  E  M  O  E  G  H  I
K  O  M  O  L  Z  Z  B  Y  P  P  D  O  T
W  V  A  P  V  E  Y  B  B  R  O  I  L  M
D  B  K  Y  J  X  L  W  J  I  L  V  N  E
Z  O  J  Y  A  X  H  N  W  E  O  Í  Í  T
U  A  T  E  V  X  U  U  Ý  M  M  Z  K  I
R  O  V  N  I  C  E  E  G  E  E  I  G  K
N  Á  M  E  S  T  I  E  Z  R  R  A  T  A
```

UHLY
ARITMETIKA
OBVOD
DESATINNÉ
PRIEMER
DIVÍZIA
ROVNICE
EXPONENT
ZLOMOK
GEOMETRIA

ČÍSLA
PARALELNÝ
ROVNOBEŽNÍK
MNOHOUHOLNÍK
POLOMER
OBDĹŽNIK
NÁMESTIE
SÚČET
SYMETRIA

91 - Activities

```
Y  R  H  B  O  C  Z  K  X  V  B  Š  V  P
D  E  I  N  E  M  U  Á  E  W  H  I  O  L
B  M  K  W  A  T  S  H  U  M  S  T  Ľ  E
C  E  N  A  T  V  U  P  A  J  P  I  N  T
Ť  S  O  N  N  I  Č  R  K  H  M  E  Ý  E
C  L  D  R  B  M  E  D  I  Y  R  Y  Č  N
W  Á  Y  V  L  C  O  C  M  S  O  X  A  I
R  E  L  A  X  Á  C  I  A  J  T  W  S  E
K  Ú  Z  L  O  D  X  L  R  M  R  I  U  Y
E  G  F  L  V  S  I  O  E  C  Z  Z  K  M
R  Y  B  O  L  O  V  V  K  Y  E  Z  F  A
Z  Á  H  R  A  D  N  Í  C  T  V  O  N  L
I  S  X  D  C  P  O  T  E  Š  E  N  I  E
P  Č  Í  T  A  N  I  E  V  B  E  U  R  X
```

ČINNOSŤ	LOV
UMENIE	ZÁUJMY
KEMP	PLETENIE
KERAMIKA	VOĽNÝ ČAS
REMESLÁ	KÚZLO
TANEC	POTEŠENIE
RYBOLOV	ČÍTANIE
HRY	RELAXÁCIA
ZÁHRADNÍCTVO	ŠITIE
TURISTIKA	

92 - Business

```
P  C  N  D  B  R  N  L  O  Z  I  W  Z  E
Ň  E  R  Á  V  O  T  I  W  A  E  U  A  K
A  Z  T  M  K  Y  U  E  J  M  I  O  M  O
K  A  M  O  A  L  M  J  S  E  N  B  E  N
E  I  E  J  V  A  A  A  W  S  V  C  S  O
D  N  N  E  A  A  U  D  B  T  E  H  T  M
O  E  A  J  Ľ  W  R  E  Y  N  S  O  N  I
P  P  P  H  Z  Ú  A  R  M  A  T  D  Á  K
P  R  Í  J  E  M  R  P  J  N  Í  D  V  A
K  A  R  I  É  R  A  A  V  E  C  A  A  J
R  O  Z  P  O  Č  E  T  D  C  I  N  T  H
F  I  N  A  N  C  I  E  H  D  A  E  E  A
B  S  S  P  O  L  O  Č  N  O  S  Ť  Ľ  J
M  A  N  A  Ž  É  R  Y  X  B  P  Y  Y  N
```

ROZPOČET	FINANCIE
KARIÉRA	PRÍJEM
SPOLOČNOSŤ	INVESTÍCIA
NÁKLADY	MANAŽÉR
MENA	TOVAR
ZĽAVA	PENIAZE
EKONOMIKA	ÚRAD
ZAMESTNANEC	PREDAJ
ZAMESTNÁVATEĽ	OBCHOD
TOVÁREŇ	DANE

93 - The Company

```
P R E Z E N T Á C I A R J P
I N V E S T Í C I A P I P R
P O K R O K A M U K O Z T O
K R E A T Í V N Y C V I L F
Z Z G N Y K I D S T E K E E
A D U H I N U V K N S Á S S
U O R Z Y E E D A V Ť B Y I
W D V O R Y Ť S O N Ž O M O
A L Y M J Í R P M R F T E N
V W O S U E O S F L P R I Á
R O Z H O D N U T I E E R L
J G L O B Á L N Y L E N P N
S K V A L I T A E O R D T Y
I N O V A T Í V N Y Z Y C G
```

KREATÍVNY	PROFESIONÁLNY
ROZHODNUTIE	POKROK
GLOBÁLNY	KVALITA
PRIEMYSEL	POVESŤ
INOVATÍVNY	ZDROJE
INVESTÍCIA	PRÍJMY
MOŽNOSŤ	RIZIKÁ
PREZENTÁCIA	TRENDY
PRODUKT	

94 - Literature

```
P  A  T  O  D  K  E  N  A  I  J  J  T  F
O  N  Z  S  I  P  O  P  Y  M  E  A  É  W
R  A  O  R  A  Z  Ý  L  A  N  A  X  M  A
O  L  K  O  L  L  R  S  R  R  Y  D  A  Z
V  Ó  B  Z  Ó  E  Y  B  O  A  O  J  P  Y
N  G  Á  P  G  B  T  L  F  P  U  M  R  X
A  I  S  R  W  E  M  Š  A  O  I  T  Á  P
N  A  E  Á  E  L  U  M  T  S  Z  T  O  N
I  K  Ň  V  R  E  S  N  E  Ý  K  A  P  R
E  P  W  A  A  T  L  Y  M  V  L  R  O  V
N  V  B  Č  T  R  Z  Á  V  E  R  Ý  E  Y
M  L  Ý  K  C  I  T  E  O  P  A  M  K  R
M  M  X  J  Z  A  T  R  A  G  É  D  I  A
O  Ž  I  V  O  T  O  P  I  S  N  Z  H  A
```

ANALÓGIA	METAFORA
ANALÝZA	ROZPRÁVAČ
ANEKDOTA	ROMÁN
AUTOR	BÁSEŇ
ŽIVOTOPIS	POETICKÝ
POROVNANIE	RÝM
ZÁVER	RYTMUS
POPIS	ŠTÝL
DIALÓG	TÉMA
BELETRIA	TRAGÉDIA

95 - Geography

```
E  M  M  P  R  W  I  O  V  G  E  T  D  O
Ú  E  H  O  A  W  P  P  S  V  O  N  N  S
Z  S  K  W  R  T  T  O  A  S  X  E  V  T
E  T  R  E  É  E  X  B  L  D  H  N  Ý  R
M  O  A  L  F  V  T  L  T  U  W  I  Š  O
I  O  J  M  S  S  I  V  A  M  D  T  K  V
E  U  I  V  I  O  B  D  P  U  G  N  A  B
Z  W  N  E  M  D  E  P  A  E  E  O  Í  A
I  E  A  K  E  I  R  R  M  V  B  K  F  K
P  D  V  R  H  O  C  E  Á  N  R  B  V  Í
K  X  Z  Á  P  A  D  V  O  J  C  C  H  N
A  I  F  N  Ó  I  G  E  R  U  T  X  H  V
A  D  A  N  H  E  B  S  C  H  G  E  K  O
E  D  D  E  U  I  L  C  G  C  M  S  K  R
```

ATLAS	VRCH
MESTO	SEVER
KONTINENT	OCEÁN
KRAJINA	REGIÓN
VÝŠKA	RIEKA
ROVNÍK	MORE
HEMISFÉRA	JUH
OSTROV	ÚZEMIE
MAPA	ZÁPAD
POLUDNÍK	SVET

96 - Pets

```
B  V  Š  M  I  S  J  K  K  L  Z  K  Š  U
P  E  T  A  Y  M  A  R  O  R  Y  H  K  S
K  T  E  V  S  Š  Š  Á  R  U  U  D  R  D
R  E  Ň  Z  C  O  T  L  Y  O  L  D  E  J
A  R  A  A  G  R  E  I  T  K  Z  A  Č  P
V  I  G  G  A  Y  R  K  N  T  B  U  O  A
A  N  K  S  P  B  I  A  A  A  B  P  K  P
D  Á  C  O  C  Y  C  B  Č  I  L  A  S  A
O  R  J  G  Z  H  A  J  K  Č  J  Z  W  G
V  E  Y  S  T  A  V  L  A  A  J  Ú  Y  Á
M  I  B  G  C  N  G  O  U  M  C  R  I  J
U  L  G  A  P  E  S  W  S  L  A  B  K  Y
H  O  Y  L  R  D  N  V  E  T  R  V  X  U
Z  G  P  A  A  B  X  T  O  M  A  Č  K  A
```

MAČKA	JAŠTERICA
PAZÚR	MYŠ
GOLIER	PAPAGÁJ
KRAVA	LABKY
PES	ŠTEŇA
RYBY	KRÁLIK
JEDLO	CHVOST
KOZA	KORYTNAČKA
ŠKREČOK	VETERINÁR
MAČIATKO	VODA

97 - Jazz

```
D G S S L Á V N Y D Ô R A Z
M D I M P R O V I Z Á C I A
H U D B A E T R E C N O K T
W X G H Z W H A J E Z X Y A
T E C H N I K A L R D M B P
P X M O Z K C R L E O M I S
N I O B Ľ Ú B E N É N J C K
K S E L T O P T L L I T I L
S M F S M O R S A E R K E A
T G Z Z E I X E C X M L J D
A Š T Ý L Ň V H B W U U H A
R R Y T M U S C J P B C S T
Ý N O V Ý D U R Y U L A H E
S E E I N E Ž O L Z A U W Ľ
```

ALBUM
POTLESK
UMELEC
SKLADATEĽ
ZLOŽENIE
KONCERT
BICIE
DÔRAZ
SLÁVNY
OBĽÚBENÉ

IMPROVIZÁCIA
HUDBA
NOVÝ
STARÝ
ORCHESTER
RYTMUS
PIESEŇ
ŠTÝL
TALENT
TECHNIKA

98 - Nature

```
T  R  O  P  I  C  K  Ý  K  O  V  I  D  F
Z  V  I  E  R  A  T  Á  E  U  P  R  L  I
T  Y  R  O  H  Y  V  Ľ  K  H  V  Ú  P  A
O  I  T  B  Z  I  C  O  A  M  F  G  Š  I
M  J  S  L  N  T  G  L  H  D  J  D  C  Ť
D  R  S  A  I  Z  Ó  R  E  U  O  O  Y  B
N  Y  Ý  K  C  I  T  K  R  A  I  V  S  H
L  L  N  Y  P  O  K  O  J  N  Ý  V  E  X
E  E  S  A  S  V  Ä  T  Y  Ň  A  I  T  C
S  Č  E  S  M  B  I  Y  I  E  K  T  Ú  C
K  V  H  Á  E  I  T  S  Í  L  E  Á  K  B
R  F  M  R  P  S  C  K  R  C  I  L  K  P
M  X  L  K  C  H  V  K  Z  P  R  N  X  G
G  I  A  M  K  W  F  N  Ý  M  S  Y  Y  T
```

ZVIERATÁ	LÍSTIE
ARKTICKÝ	LES
KRÁSA	ĽADOVEC
VČELY	HORY
ÚTESY	RIEKA
OBLAKY	SVÄTYŇA
PÚŠŤ	POKOJNÝ
DYNAMICKÝ	TROPICKÝ
ERÓZIA	VITÁLNY
HMLA	DIVOKÝ

99 - Vacation #2

```
S U N K V M B W Y A N L C H
T T R E O O A H K K E E I O
A J P M Ľ A R P A N N T E R
N E B P N Z L T A E U I Ľ Y
H C Y T Ý Í P F S L Z S A P
F O X Z Č V L A K O A K V G
T H T X A T S E C V H O A Z
Y V R E S P L Á Ž O R P R H
R E R R L G W Y F D A Y P U
L A S O S V J T O K N W E P
U Z S M B A Y A F I I E R C
M H I U B M K X L B Č B P G
T R N Y P D R I I O N V R H
C U D Z I N E C I C Ý X K H
```

LETISKO	VOĽNÝ ČAS
PLÁŽ	MAPA
KEMP	HORY
CIEĽ	PAS
ZAHRANIČNÝ	MORE
CUDZINEC	TAXI
DOVOLENKA	STAN
HOTEL	VLAK
OSTROV	PREPRAVA
CESTA	VÍZA

100 - Electricity

```
N E G A T Í V N Y Ž A Z E O
S T Ť S X J D H C I R A L C
K T E M D E R P Y A E R E E
L L I L E B Á K R R S I K N
A R S H E O Y I R O A A T Y
D L U C E V Y W Y V L D R W
O F I A R T Í J G K A E I A
V A K V U S Á Z N A M N K T
A I D X B Ž L R I U P I Á E
N R R J B O R T G A A E R L
I É Ô B Y N V Í T I Z O P E
E T T N B M M A G N E T T F
D A Y G E N E R Á T O R S Ó
L B O E L E K T R I C K Ý N
```

BATÉRIA	NEGATÍVNY
ŽIAROVKA	SIEŤ
KÁBEL	PREDMET
ELEKTRICKÝ	POZITÍVNY
ELEKTRIKÁR	MNOŽSTVO
ZARIADENIE	ZÁSUVKA
GENERÁTOR	SKLADOVANIE
LAMPA	TELEFÓN
LASER	TELEVÍZIA
MAGNET	DRÔTY

1 - Antiques

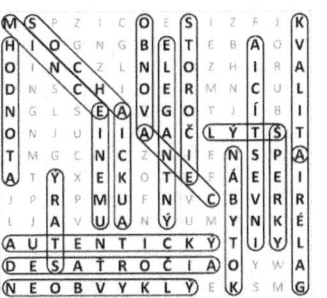

2 - Food #1

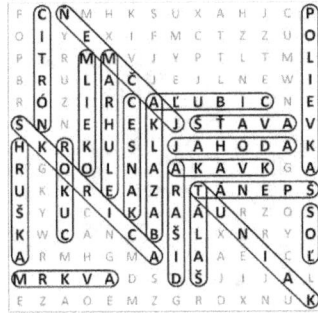

3 - Farm #2

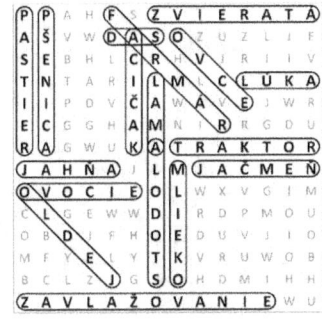

4 - Books

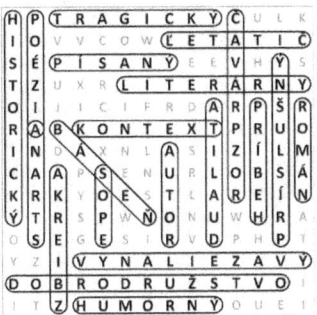

5 - Meditation

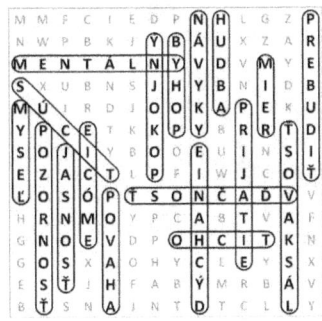

6 - Days and Months

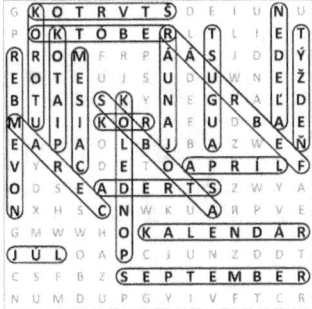

7 - Energy

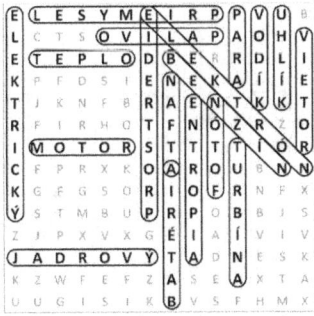

8 - Archeology

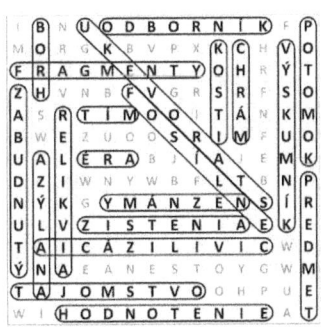

9 - Food #2

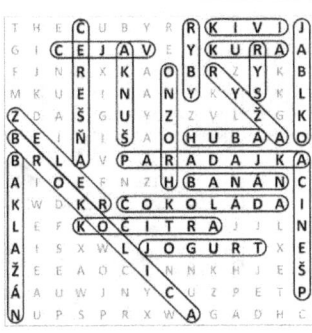

10 - Chemistry

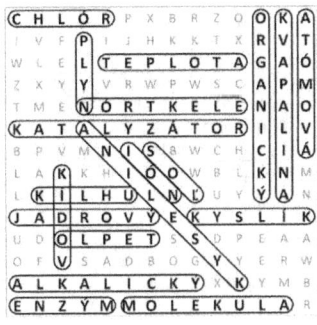

11 - Music

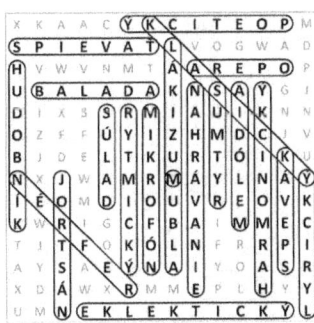

12 - Family

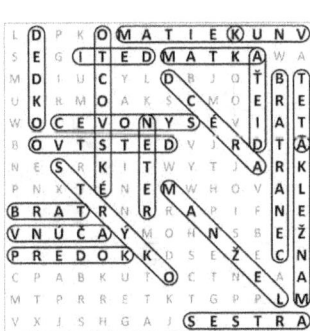

13 - Farm #1

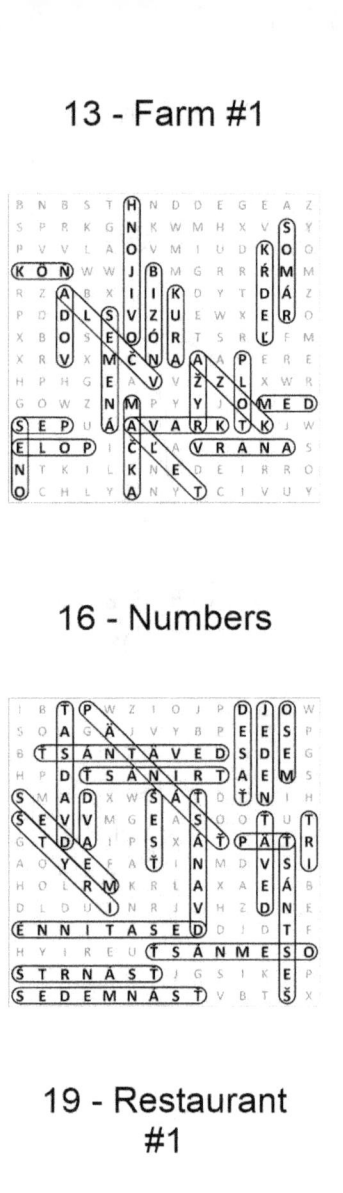

14 - Camping

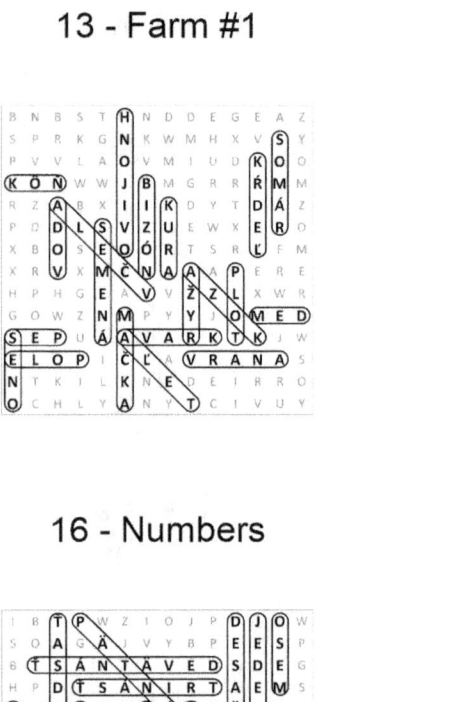

15 - Algebra

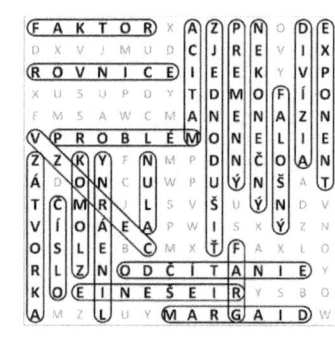

16 - Numbers

17 - Universe

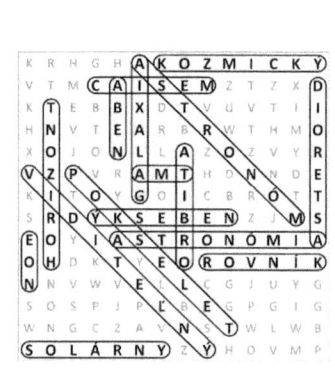

18 - Mammals

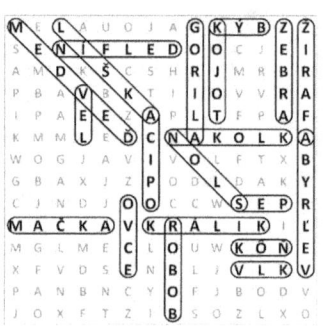

19 - Restaurant #1

20 - Bees

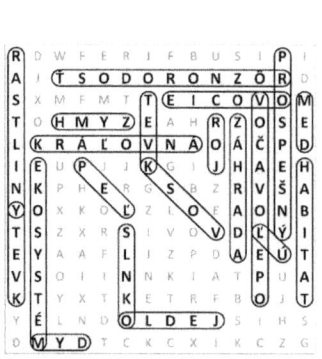

21 - Weather

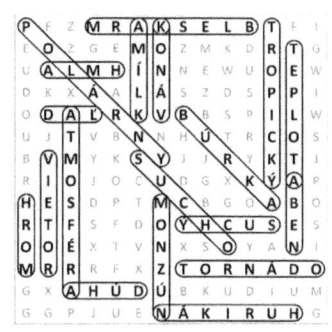

22 - Adventure

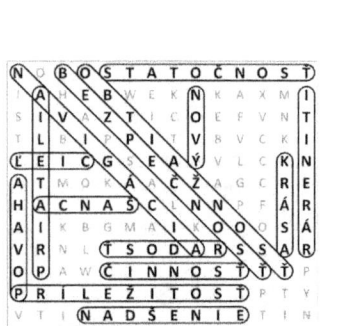

23 - Sport

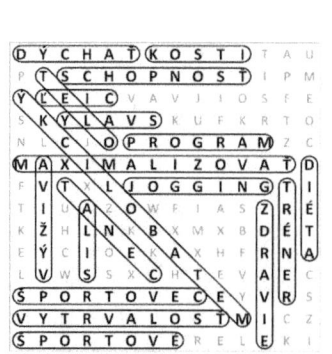

24 - Circus

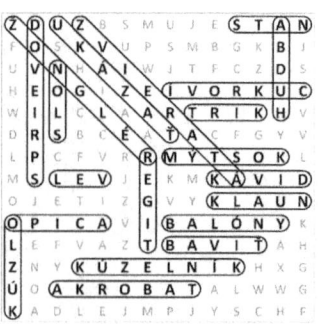

25 - Restaurant #2

ŠALÁT, JOPAN, LYŽICA, VIDLIČKA, OVOCIE, TORTA

26 - Geology

VÁPNIK, LKYC, FOSÍLNE, KORALOV, KONTINENT, NEMAK, STALAKTIT, SOPKA

27 - House

KOTYBÁN, ZÁHRADA, KRB, APMAL, STENA, KUCHYŇA, ZÁCLONY, OKNO, PODLAHA, STRECHA

28 - Physics

HMOTNOSŤ, ATÓM, PLYN, ALUKELOM, UNIVERZÁLNY, RELATIVITA, JADROVÝ, EXPANZIA, RÝCHLOSŤ, NORTKELE, CHEMICKY

29 - Shapes

HYPER, ADIMARYPO, OBLÚK, LÁVO, MNOHOUHOLNÍK, OBDĹŽNIK, TUR, VALEC, ELIPSA, KUŽEĽA, NÁMESTIE, JARKO

30 - Scientific Disciplines

ASTROLÓGIA, NEUROLÓGIA, PSYCHOLÓGIA, AKINATOB, IMÉHC, AIGOLOKE, GEOLÓGIA, ARCHEOLÓGIA, IMUNOLÓGIA

31 - Science

METÓDA, YNILTŠAR, TKA, YLUKELOM, ENLISOF, ORGANIZMUS, MINERÁLY, CHEMICKY, VEDEC, FYZIKA, ECITSAČ

32 - Beauty

MAKEUP, VÔŇA, ROI, TSOL, KOŽA, ELEGANTNÝ

33 - Clothes

KOŠEĽA, YSNÍŽD, RUKA, BLÚZA, SAP, SANDÁLE

34 - Ethics

FÓTA, DIPLOMATICKÝ, RACIONALITA, TRAPEZLIVOS, ĽUDSTVO, SÚCIT, YNTNELOVENEB, OPTIMIZMUS

35 - Insects

CHROBÁK, TIMRET, NEŠRS, VOŠKA, ŠVÁB, BLCHA, SVÄTOJÁNSKY

36 - Astronomy

ŽIARENIE, ATEKAR, AVONREPUS, METEOR, YNTILETAS, PLANÉTA, EIDZEVHÚS, AIXALAG, ANIVOLMH, ASTRONÓM

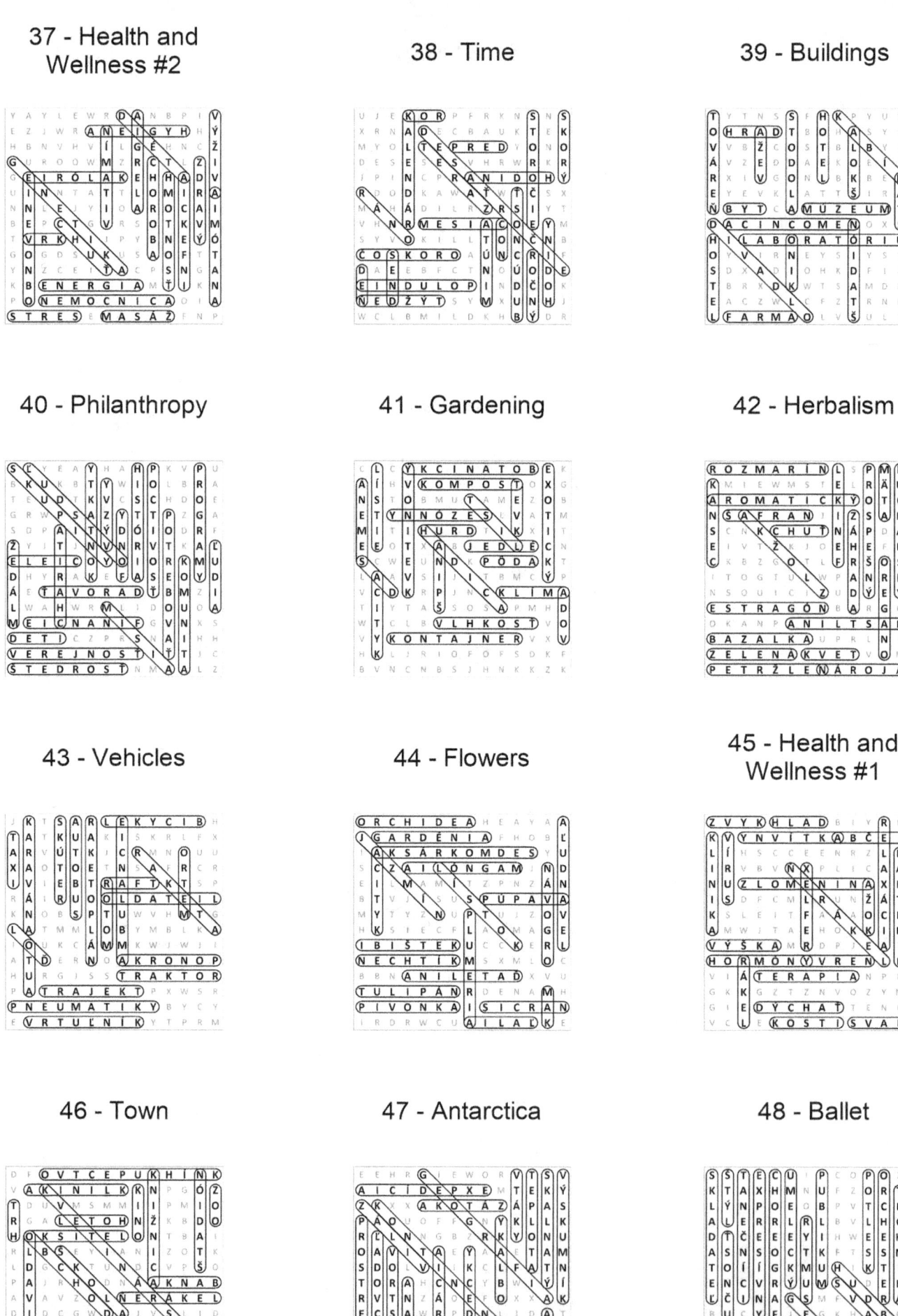

37 - Health and Wellness #2

38 - Time

39 - Buildings

40 - Philanthropy

41 - Gardening

42 - Herbalism

43 - Vehicles

44 - Flowers

45 - Health and Wellness #1

46 - Town

47 - Antarctica

48 - Ballet

49 - Human Body

50 - Musical Instruments

51 - Fruit

52 - Engineering

53 - Kitchen

54 - Government

55 - Art Supplies

56 - Science Fiction

57 - Geometry

58 - Creativity

59 - Airplanes

60 - Ocean

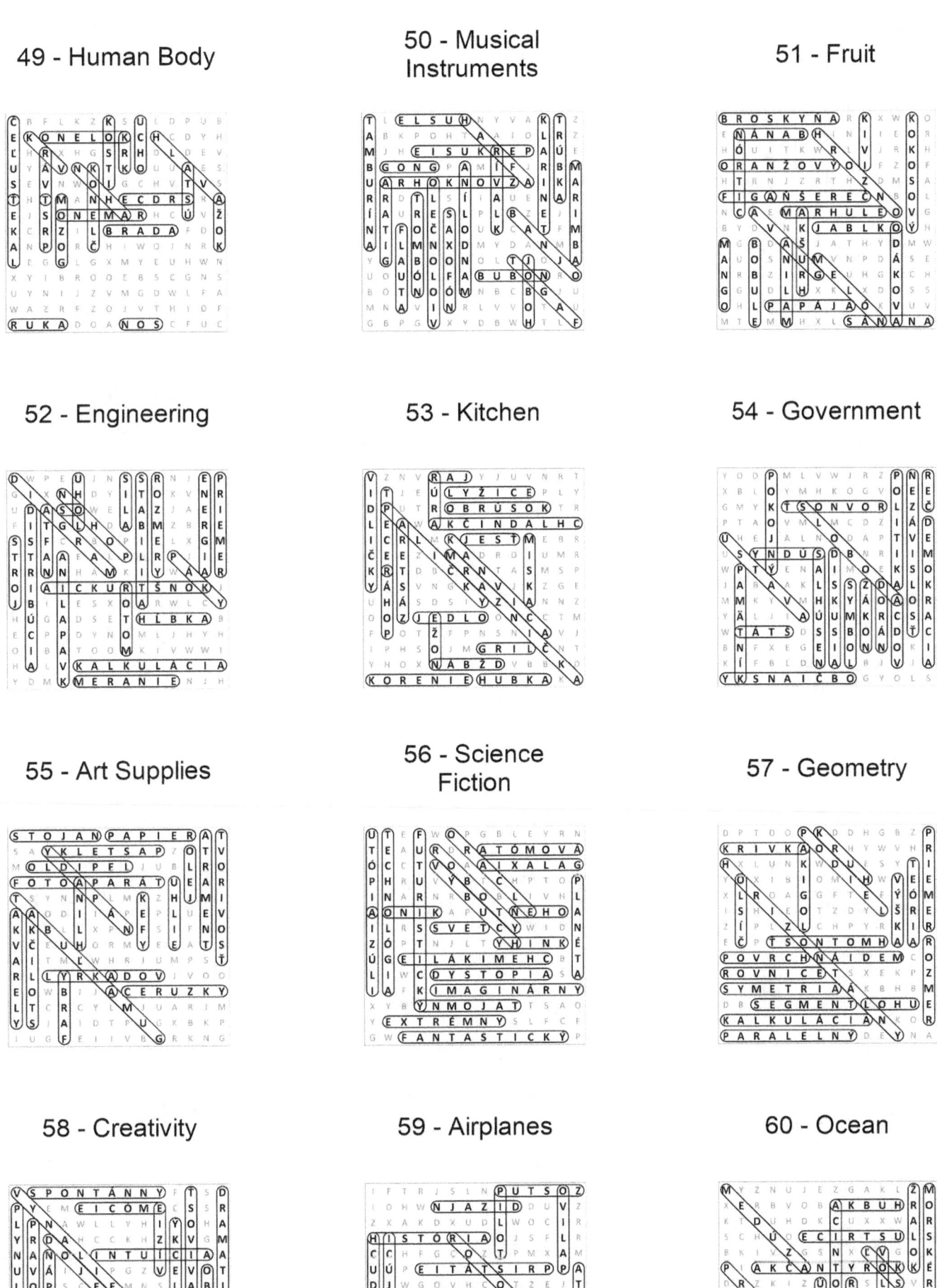

61 - Force and Gravity

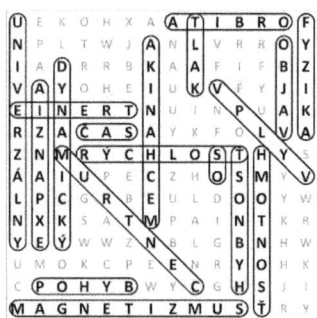

62 - Birds

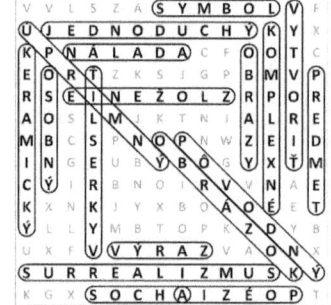

63 - Art

64 - Nutrition

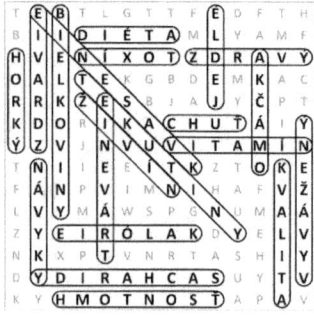

65 - Hiking

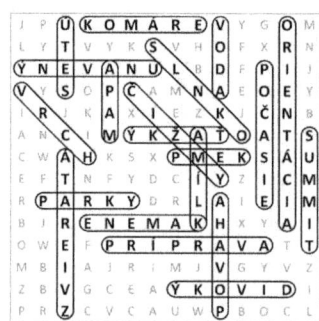

66 - Professions #1

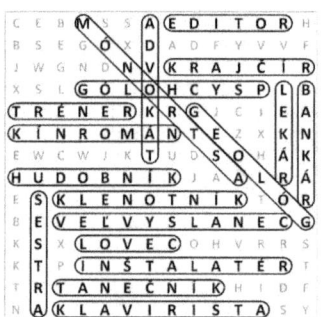

67 - Barbecues

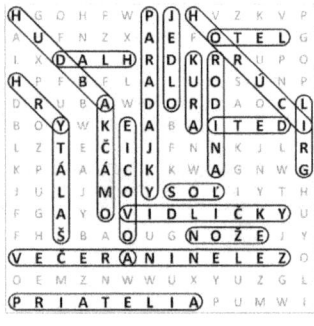

68 - Chocolate

69 - Vegetables

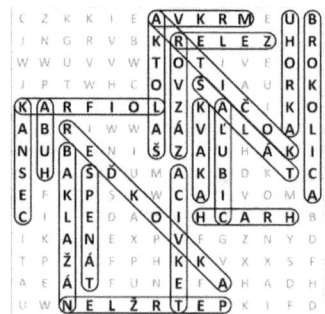

70 - The Media

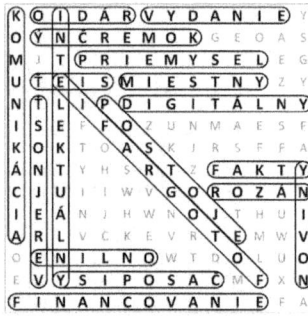

71 - Boats

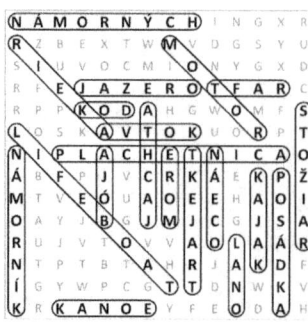

72 - Activities and Leisure

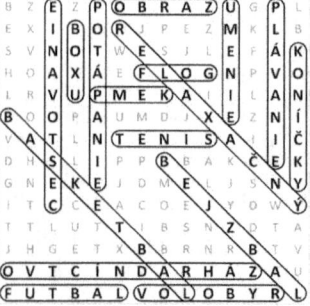

73 - Driving

74 - Professions #2

75 - Emotions

76 - Mythology

77 - Hair Types

78 - Garden

79 - Diplomacy

80 - Countries #1

81 - Adjectives #1

82 - Rainforest

83 - Landscapes

84 - Plants

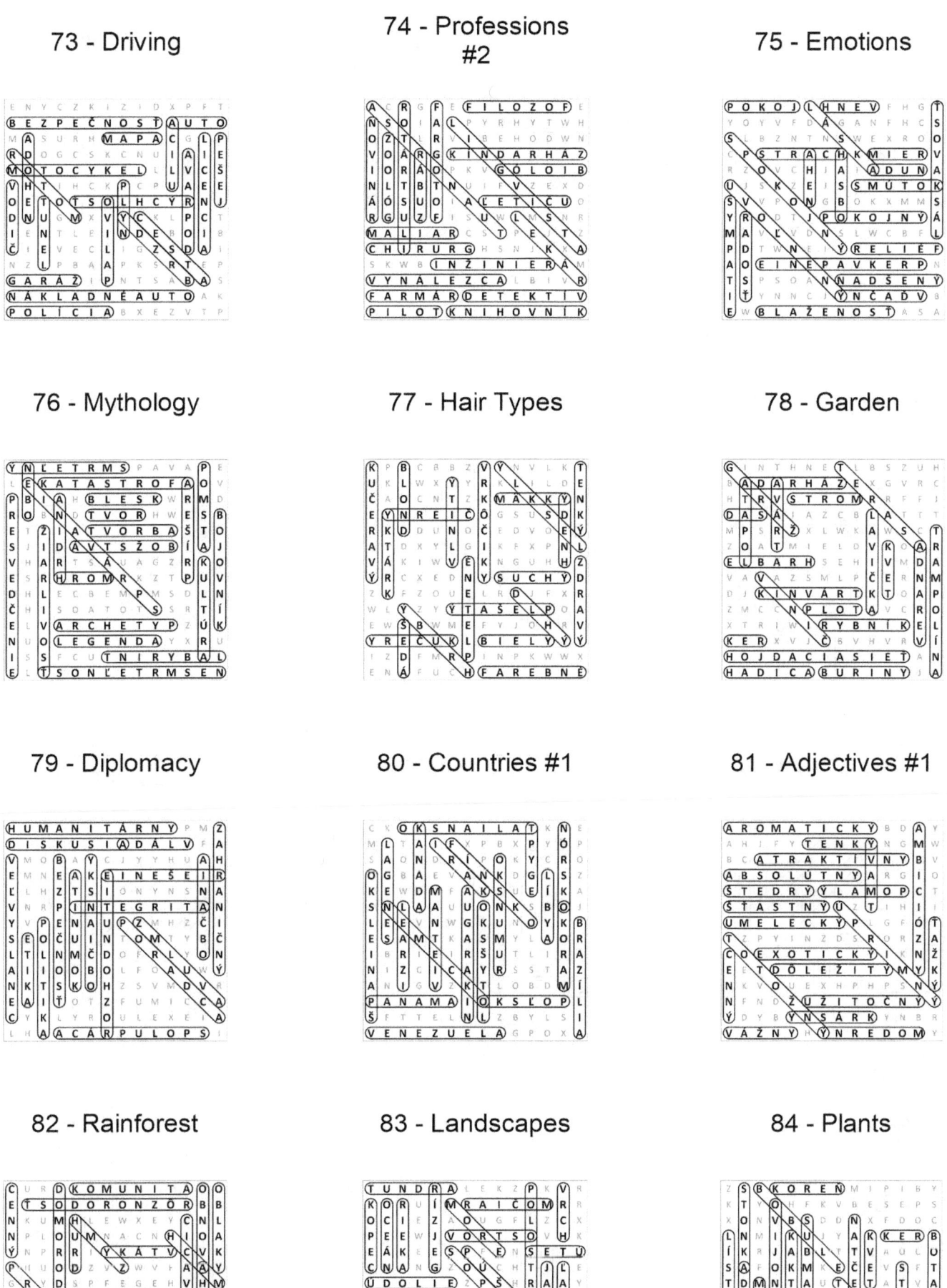

85 - Boxing

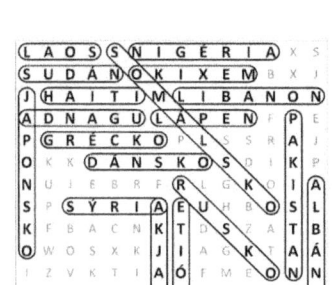

86 - Countries #2

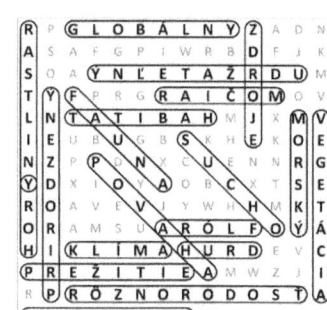

87 - Ecology

88 - Adjectives #2

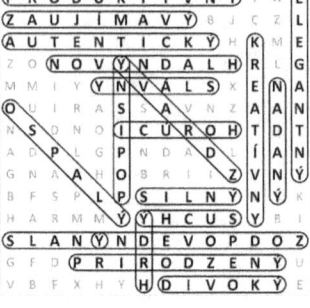

89 - Psychology

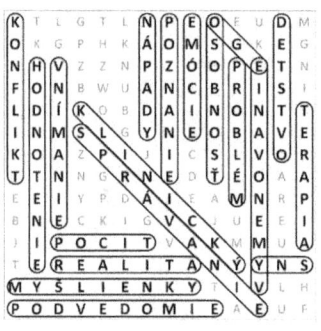

90 - Math

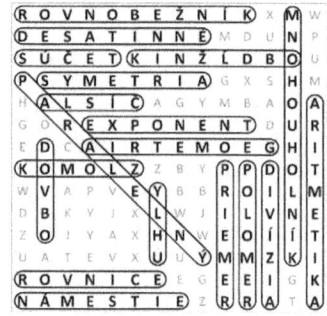

91 - Activities

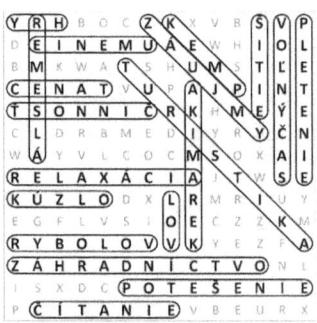

92 - Business

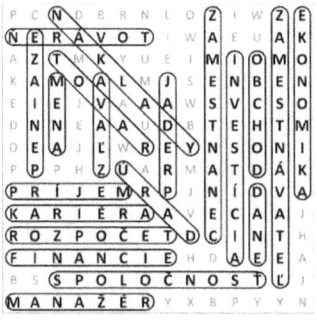

93 - The Company

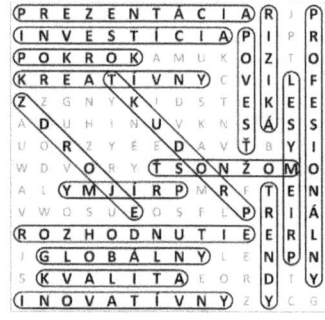

94 - Literature

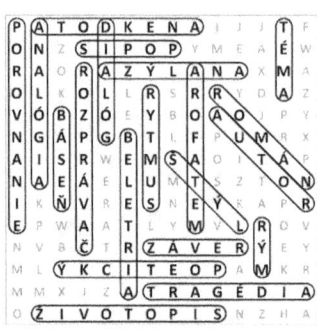

95 - Geography

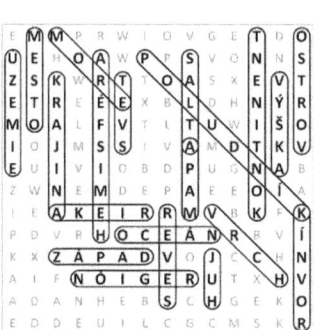

96 - Pets

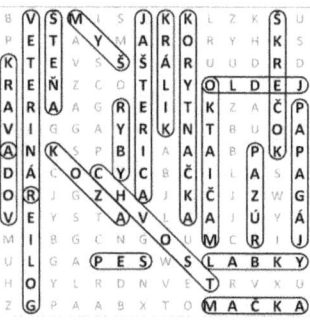

97 - Jazz

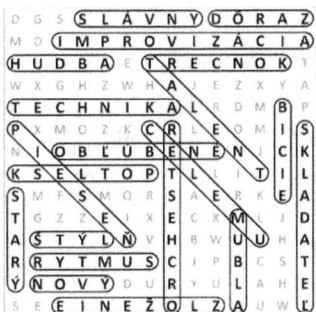

98 - Nature

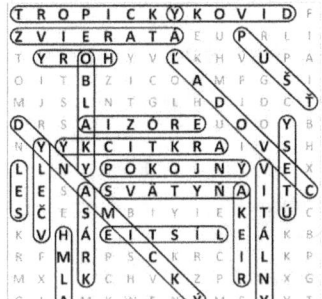

99 - Vacation #2

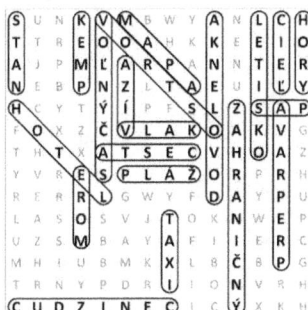

100 - Electricity

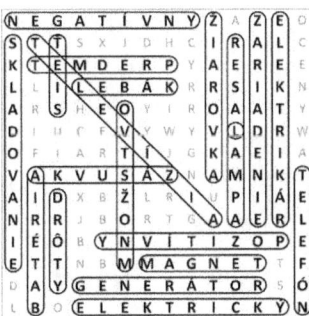

Dictionary

Activities
Činnosti

Activity	Činnosť
Art	Umenie
Camping	Kemp
Ceramics	Keramika
Crafts	Remeslá
Dancing	Tanec
Fishing	Rybolov
Games	Hry
Gardening	Záhradníctvo
Hiking	Turistika
Hunting	Lov
Interests	Záujmy
Knitting	Pletenie
Leisure	Voľný Čas
Magic	Kúzlo
Pleasure	Potešenie
Reading	Čítanie
Relaxation	Relaxácia
Sewing	Šitie
Skill	Zručnosť

Activities and Leisure
Aktivity a Voľný Čas

Art	Umenie
Baseball	Bejzbal
Basketball	Basketbal
Boxing	Boxu
Camping	Kemp
Diving	Potápanie
Fishing	Rybolov
Gardening	Záhradníctvo
Golf	Golf
Hiking	Turistika
Hobbies	Koníčky
Painting	Obraz
Relaxing	Relaxačný
Soccer	Futbal
Surfing	Surfovanie
Swimming	Plávanie
Tennis	Tenis
Travel	Cestovanie
Volleyball	Volejbal

Adjectives #1
Prídavné Mená #1

Absolute	Absolútny
Ambitious	Ambiciózny
Aromatic	Aromatický
Artistic	Umelecký
Attractive	Atraktívny
Beautiful	Krásny
Dark	Tmavý
Exotic	Exotický
Generous	Štedrý
Happy	Šťastný
Heavy	Ťažký
Helpful	Užitočný
Honest	Úprimný
Identical	Totožný
Important	Dôležitý
Modern	Moderný
Serious	Vážny
Slow	Pomalý
Thin	Tenký
Valuable	Cenný

Adjectives #2
Prídavné Mená #2

Authentic	Autentický
Creative	Kreatívny
Descriptive	Popisný
Dry	Suchý
Elegant	Elegantný
Famous	Slávny
Gifted	Nadaný
Healthy	Zdravý
Hot	Horúci
Hungry	Hladný
Interesting	Zaujímavý
Natural	Prirodzený
New	Nový
Productive	Produktívny
Proud	Hrdý
Responsible	Zodpovedný
Salty	Slaný
Sleepy	Ospalý
Strong	Silný
Wild	Divoký

Adventure
Dobrodružstvo

Activity	Činnosť
Beauty	Krása
Bravery	Statočnosť
Challenges	Výzvy
Chance	Šanca
Dangerous	Nebezpečný
Destination	Cieľ
Difficulty	Obtiažnosť
Enthusiasm	Nadšenie
Excursion	Exkurzia
Friends	Priatelia
Itinerary	Itinerár
Joy	Radosť
Nature	Povaha
Navigation	Navigácia
New	Nový
Opportunity	Príležitosť
Preparation	Príprava
Safety	Bezpečnosť
Unusual	Neobvyklý

Airplanes
Lietadlá

Adventure	Dobrodružstvo
Air	Vzduch
Atmosphere	Atmosféra
Balloon	Balón
Construction	Konštrukcia
Crew	Posádka
Descent	Zostup
Design	Dizajn
Direction	Smer
Engine	Motor
Fuel	Palivo
Height	Výška
History	História
Hydrogen	Vodík
Landing	Pristátie
Passenger	Cestujúci
Pilot	Pilot
Propellers	Vrtule
Sky	Neba
Turbulence	Turbulencia

Algebra
Algebra

Diagram	Diagram
Division	Divízia
Equation	Rovnice
Exponent	Exponent
Factor	Faktor
False	Falošný
Formula	Vzorec
Fraction	Zlomok
Graph	Graf
Infinite	Nekonečný
Linear	Lineárny
Matrix	Matica
Number	Číslo
Parenthesis	Zátvorka
Problem	Problém
Simplify	Zjednodušiť
Solution	Riešenie
Subtraction	Odčítanie
Variable	Premenný
Zero	Nula

Antarctica
Antarktída

Bay	Záliv
Birds	Vtáky
Clouds	Oblaky
Conservation	Ochrana
Continent	Kontinent
Cove	Zátoka
Environment	Prostredie
Expedition	Expedícia
Geography	Geografia
Glaciers	Ľadovce
Ice	Ľad
Islands	Ostrovy
Migration	Migrácia
Peninsula	Polostrov
Researcher	Výskumník
Rocky	Skalnatý
Scientific	Vedecký
Temperature	Teplota
Topography	Topografia
Water	Voda

Antiques
Starožitnosťami

Art	Umenie
Auction	Aukcia
Authentic	Autentický
Century	Storočie
Coins	Mince
Decades	Desaťročia
Decorative	Dekoratívny
Elegant	Elegantný
Furniture	Nábytok
Gallery	Galéria
Investment	Investícia
Jewelry	Šperky
Old	Starý
Price	Cena
Quality	Kvalita
Restoration	Obnova
Sculpture	Socha
Style	Štýl
Unusual	Neobvyklý
Value	Hodnota

Archeology
Archeológia

Analysis	Analýza
Antiquity	Staroveku
Bones	Kosti
Civilization	Civilizácia
Descendant	Potomok
Era	Éra
Evaluation	Hodnotenie
Expert	Odborník
Findings	Zistenia
Forgotten	Zabudnutý
Fossil	Fosílne
Fragments	Fragmenty
Mystery	Tajomstvo
Objects	Predmet
Relic	Relikvia
Researcher	Výskumník
Team	Tím
Temple	Chrám
Tomb	Hrob
Unknown	Neznámy

Art
Umenie

Ceramic	Keramický
Complex	Komplexné
Composition	Zloženie
Create	Vytvoriť
Expression	Výraz
Figure	Obrázok
Honest	Úprimný
Inspired	Inšpirovaný
Mood	Nálada
Original	Pôvodný
Paintings	Obrazy
Personal	Osobný
Poetry	Poézia
Portray	Vykresliť
Sculpture	Socha
Simple	Jednoduchý
Subject	Predmet
Surrealism	Surrealizmus
Symbol	Symbol
Visual	Vizuálny

Art Supplies
Umelecké Potreby

Acrylic	Akryl
Brushes	Kefy
Camera	Fotoaparát
Chair	Stolička
Charcoal	Uhlie
Clay	Hlina
Colors	Farby
Crayons	Pastelky
Creativity	Tvorivosť
Easel	Stojan
Eraser	Guma
Glue	Lepidlo
Ideas	Nápady
Ink	Atrament
Oil	Olej
Paper	Papier
Pencils	Ceruzky
Table	Tabuľka
Water	Voda
Watercolors	Akvarely

Astronomy
Astronómia

Asteroid	Asteroid
Astronaut	Astronaut
Astronomer	Astronóm
Constellation	Súhvezdie
Cosmos	Kozmos
Earth	Zem
Eclipse	Zatmenie
Equinox	Rovnodennosť
Galaxy	Galaxia
Meteor	Meteor
Moon	Mesiac
Nebula	Hmlovina
Observatory	Observatórium
Planet	Planéta
Radiation	Žiarenie
Rocket	Raketa
Satellite	Satelitný
Sky	Neba
Supernova	Supernova
Zodiac	Zverokruh

Ballet
Baletné

Applause	Potlesk
Artistic	Umelecký
Audience	Publikum
Ballerina	Balerína
Choreography	Choreografia
Composer	Skladateľ
Dancers	Tanečníci
Expressive	Expresívny
Gesture	Gesto
Graceful	Pôvabný
Intensity	Intenzita
Muscles	Svaly
Music	Hudba
Orchestra	Orchester
Practice	Prax
Rehearsal	Skúška
Rhythm	Rytmus
Skill	Zručnosť
Style	Štýl
Technique	Technika

Barbecues
Grilovanie

Chicken	Kura
Children	Deti
Dinner	Večera
Family	Rodina
Food	Jedlo
Forks	Vidličky
Friends	Priatelia
Fruit	Ovocie
Games	Hry
Grill	Gril
Hot	Horúci
Hunger	Hlad
Knives	Nože
Music	Hudba
Salads	Šaláty
Salt	Soľ
Sauce	Omáčka
Summer	Leto
Tomatoes	Paradajky
Vegetables	Zelenina

Beauty
Krása

Charm	Čaro
Color	Farba
Cosmetics	Kozmetika
Curls	Kučery
Elegance	Elegancia
Elegant	Elegantný
Fragrance	Vôňa
Grace	Milosť
Lipstick	Rúž
Makeup	Make-Up
Mascara	Maskara
Mirror	Zrkadlo
Oils	Oleje
Photogenic	Fotogenický
Products	Produkty
Scissors	Nožnice
Services	Služby
Shampoo	Šampón
Skin	Koža
Stylist	Stylista

Bees
Včely

Beneficial	Prospešný
Blossom	Kvet
Diversity	Rôznorodosť
Ecosystem	Ekosystém
Flowers	Kvety
Food	Jedlo
Fruit	Ovocie
Garden	Záhrada
Habitat	Habitat
Hive	Úľ
Honey	Med
Insect	Hmyz
Plants	Rastliny
Pollen	Peľ
Pollinator	Opeľovačov
Queen	Kráľovná
Smoke	Dym
Sun	Slnko
Swarm	Roj
Wax	Vosk

Birds
Vtákov

Canary	Kanárik
Chicken	Kura
Crow	Vrana
Cuckoo	Kukučka
Dove	Holubica
Duck	Kačica
Eagle	Orol
Egg	Vajec
Flamingo	Plameniak
Goose	Hus
Heron	Volavka
Ostrich	Pštros
Parrot	Papagáj
Peacock	Páv
Pelican	Pelikán
Penguin	Tučniak
Sparrow	Vrabec
Stork	Bocian
Swan	Labuť
Toucan	Tukan

Boats
Lode

Anchor	Kotva
Buoy	Bója
Canoe	Kanoe
Crew	Posádka
Dock	Dok
Engine	Motor
Ferry	Trajekt
Kayak	Kajak
Lake	Jazero
Lifeboat	Lifeboat
Mast	Stožiar
Nautical	Námorných
Ocean	Oceán
Raft	Raft
River	Rieka
Rope	Lano
Sailboat	Plachetnica
Sailor	Námorník
Sea	More
Yacht	Jachta

Books
Knihy

Adventure	Dobrodružstvo
Author	Autor
Collection	Zbierka
Context	Kontext
Duality	Dualita
Epic	Epos
Historical	Historický
Humorous	Humorný
Inventive	Vynaliezavý
Literary	Literárny
Narrator	Rozprávač
Novel	Román
Page	Strana
Poem	Báseň
Poetry	Poézia
Reader	Čitateľ
Relevant	Príslušný
Story	Príbeh
Tragic	Tragický
Written	Písaný

Boxing
Boxovanie

Bell	Bell
Body	Telo
Chin	Brada
Corner	Rút
Elbow	Lakeť
Exhausted	Vyčerpaný
Fighter	Bojovník
Fist	Päsť
Focus	Zamerať
Gloves	Rukavice
Injuries	Zranenia
Kick	Kop
Opponent	Súper
Points	Body
Quick	Rýchly
Recovery	Obnovenie
Referee	Rozhodca
Ropes	Laná
Skill	Zručnosť
Strength	Sila

Buildings
Budovy

Apartment	Byt
Barn	Stodola
Cabin	Kabína
Castle	Hrad
Cinema	Kino
Factory	Továreň
Farm	Farma
Hospital	Nemocnica
Hostel	Hostel
Hotel	Hotel
Laboratory	Laboratórium
Museum	Múzeum
Observatory	Observatórium
School	Škola
Stadium	Štadión
Supermarket	Supermarket
Tent	Stan
Theater	Divadlo
Tower	Veža
University	Univerzita

Business
Podnikanie

Budget	Rozpočet
Career	Kariéra
Company	Spoločnosť
Cost	Náklady
Currency	Mena
Discount	Zľava
Economics	Ekonomika
Employee	Zamestnanec
Employer	Zamestnávateľ
Factory	Továreň
Finance	Financie
Income	Príjem
Investment	Investícia
Manager	Manažér
Merchandise	Tovar
Money	Peniaze
Office	Úrad
Sale	Predaj
Shop	Obchod
Taxes	Dane

Camping
Kempovanie

Adventure	Dobrodružstvo
Animals	Zvieratá
Cabin	Kabína
Canoe	Kanoe
Compass	Kompas
Fire	Oheň
Forest	Les
Fun	Zábava
Hammock	Hojdacia Sieť
Hat	Klobúk
Hunting	Lov
Insect	Hmyz
Lake	Jazero
Map	Mapa
Moon	Mesiac
Mountain	Vrch
Nature	Povaha
Rope	Lano
Tent	Stan
Trees	Stromy

Chemistry
Chémia

Acid	Kyselina
Alkaline	Alkalický
Atomic	Atómová
Carbon	Uhlík
Catalyst	Katalyzátor
Chlorine	Chlór
Electron	Elektrón
Enzyme	Enzým
Gas	Plyn
Heat	Teplo
Hydrogen	Vodík
Ion	Ión
Liquid	Kvapalina
Molecule	Molekula
Nuclear	Jadrový
Organic	Organický
Oxygen	Kyslík
Salt	Soľ
Temperature	Teplota
Weight	Hmotnosť

Chocolate
Čokoláda

Antioxidant	Antioxidant
Aroma	Aróma
Artisanal	Remeselné
Bitter	Horký
Cacao	Kakao
Calories	Kalórie
Candy	Cukroví
Caramel	Karamel
Coconut	Kokosový
Delicious	Lahodný
Exotic	Exotický
Favorite	Obľúbený
Ingredient	Zložka
Peanuts	Arašidy
Quality	Kvalita
Recipe	Recept
Sugar	Cukor
Sweet	Sladký
Taste	Chuť
To Eat	Jesť

Circus
Cirkus

Acrobat	Akrobat
Animals	Zvieratá
Balloons	Balóny
Candy	Cukroví
Clown	Klaun
Costume	Kostým
Elephant	Slon
Entertain	Baviť
Juggler	Žonglér
Lion	Lev
Magic	Kúzlo
Magician	Kúzelník
Monkey	Opica
Music	Hudba
Parade	Sprievod
Show	Ukázať
Spectator	Divák
Tent	Stan
Tiger	Tiger
Trick	Trik

Clothes
Oblečenie

Apron	Zástera
Belt	Pás
Blouse	Blúzka
Bracelet	Náramok
Coat	Plášť
Dress	Šaty
Fashion	Móda
Gloves	Rukavice
Hat	Klobúk
Jacket	Bunda
Jeans	Džínsy
Jewelry	Šperky
Pajamas	Pyžamá
Pants	Nohavice
Sandals	Sandále
Scarf	Šál
Shirt	Košeľa
Shoe	Topánka
Skirt	Sukňa
Sweater	Sveter

Countries #1
Krajiny #1

Brazil	Brazília
Canada	Kanada
Egypt	Egypt
Finland	Fínsko
Germany	Nemecko
Iraq	Irak
Israel	Izrael
Italy	Taliansko
Latvia	Lotyšsko
Libya	Líbya
Morocco	Maroko
Nicaragua	Nikaragua
Norway	Nórsko
Panama	Panama
Poland	Poľsko
Romania	Rumunsko
Senegal	Senegal
Spain	Španielsko
Venezuela	Venezuela
Vietnam	Vietnam

Countries #2
Krajiny #2

Albania	Albánsko
Denmark	Dánsko
Ethiopia	Etiópia
Greece	Grécko
Haiti	Haiti
Jamaica	Jamajka
Japan	Japonsko
Laos	Laos
Lebanon	Libanon
Liberia	Libéria
Mexico	Mexiko
Nepal	Nepál
Nigeria	Nigéria
Pakistan	Pakistan
Russia	Rusko
Somalia	Somálsko
Sudan	Sudán
Syria	Sýria
Uganda	Uganda
Ukraine	Ukrajina

Creativity
Kreativita

Artistic	Umelecký
Authenticity	Pravosť
Clarity	Jasnosť
Dramatic	Dramatický
Emotions	Emócie
Expression	Výraz
Fluidity	Plynulosť
Ideas	Nápady
Image	Obrázok
Imagination	Predstavivosť
Impression	Dojem
Inspiration	Inšpirácia
Intensity	Intenzita
Intuition	Intuícia
Inventive	Vynaliezavý
Sensation	Pocit
Skill	Zručnosť
Spontaneous	Spontánny
Visions	Vízie
Vitality	Vitalita

Days and Months
Dni a Mesiace

April	Apríl
August	August
Calendar	Kalendár
February	Február
Friday	Piatok
January	Január
July	Júl
March	Marec
Monday	Pondelok
Month	Mesiac
November	November
October	Október
Saturday	Sobota
September	September
Sunday	Nedeľa
Thursday	Štvrtok
Tuesday	Utorok
Wednesday	Streda
Week	Týždeň
Year	Rok

Diplomacy
Diplomacie

Adviser	Poradca
Ambassador	Veľvyslanec
Citizens	Občania
Civic	Občiansky
Community	Komunita
Conflict	Konflikt
Cooperation	Spolupráca
Diplomatic	Diplomatický
Discussion	Diskusia
Ethics	Etika
Foreign	Zahraničný
Government	Vláda
Humanitarian	Humanitárny
Integrity	Integrita
Justice	Spravodlivosť
Politics	Politika
Resolution	Rozhodnutie
Security	Bezpečnosť
Solution	Riešenie
Treaty	Zmluva

Driving
Šoférovanie

Accident	Nehoda
Brakes	Brzdy
Car	Auto
Driver	Vodič
Fuel	Palivo
Garage	Garáž
Gas	Plyn
License	Licencia
Map	Mapa
Motor	Motor
Motorcycle	Motocykel
Pedestrian	Pešej
Police	Polícia
Road	Cesta
Safety	Bezpečnosť
Speed	Rýchlosť
Street	Ulica
Traffic	Doprava
Truck	Nákladné Auto
Tunnel	Tunel

Ecology
Ekológia

Climate	Klíma
Communities	Komunity
Diversity	Rôznorodosť
Drought	Sucho
Fauna	Fauna
Flora	Flóra
Global	Globálny
Habitat	Habitat
Marine	Morský
Marsh	Močiar
Mountains	Hory
Natural	Prirodzený
Nature	Povaha
Plants	Rastliny
Resources	Zdroje
Species	Druh
Survival	Prežitie
Sustainable	Udržateľný
Vegetation	Vegetácia
Volunteers	Dobrovoľníci

Electricity
Elektrina

Battery	Batéria
Bulb	Žiarovka
Cable	Kábel
Electric	Elektrický
Electrician	Elektrikár
Equipment	Zariadenie
Generator	Generátor
Lamp	Lampa
Laser	Laser
Magnet	Magnet
Negative	Negatívny
Network	Sieť
Objects	Predmet
Positive	Pozitívny
Quantity	Množstvo
Socket	Zásuvka
Storage	Skladovanie
Telephone	Telefón
Television	Televízia
Wires	Drôty

Emotions
Emócie

Anger	Hnev
Bliss	Blaženosť
Boredom	Nuda
Calm	Pokojný
Content	Obsah
Excited	Nadšený
Fear	Strach
Grateful	Vďačný
Joy	Radosť
Kindness	Láskavosť
Love	Láska
Peace	Mier
Relaxed	Uvoľnený
Relief	Reliéf
Sadness	Smútok
Satisfied	Spokojný
Surprise	Prekvapenie
Sympathy	Sympatie
Tenderness	Neha
Tranquility	Pokoj

Energy
Energia

Battery	Batéria
Carbon	Uhlík
Diesel	Nafta
Electric	Elektrický
Electron	Elektrón
Entropy	Entropia
Environment	Prostredie
Fuel	Palivo
Gasoline	Benzín
Heat	Teplo
Hydrogen	Vodík
Industry	Priemysel
Motor	Motor
Nuclear	Jadrový
Photon	Fotón
Pollution	Znečistenie
Renewable	Obnoviteľný
Steam	Para
Turbine	Turbína
Wind	Vietor

Engineering
Strojárstvo

Angle	Uhol
Axis	Os
Calculation	Kalkulácia
Construction	Konštrukcia
Depth	Hĺbka
Diagram	Diagram
Diameter	Priemer
Diesel	Nafta
Dimensions	Rozmery
Distribution	Distribúcia
Energy	Energia
Levers	Páky
Liquid	Kvapalina
Machine	Stroj
Measurement	Meranie
Motor	Motor
Propulsion	Pohon
Stability	Stabilita
Strength	Sila
Structure	Štruktúra

Ethics
Etický

Altruism	Altruizmus
Benevolent	Benevolentný
Compassion	Súcit
Cooperation	Spolupráca
Dignity	Dôstojnosť
Diplomatic	Diplomatický
Honesty	Poctivosť
Humanity	Ľudstvo
Integrity	Integrita
Kindness	Láskavosť
Optimism	Optimizmus
Patience	Trpezlivosť
Philosophy	Filozofia
Rationality	Racionalita
Realism	Realizmus
Reasonable	Rozumný
Respectful	Úctivý
Tolerance	Tolerancia
Values	Hodnoty
Wisdom	Múdrosť

Family
Rodinná

Ancestor	Predok
Aunt	Teta
Brother	Brat
Child	Dieťa
Childhood	Detstvo
Children	Deti
Cousin	Bratranec
Daughter	Dcéra
Grandchild	Vnúča
Grandfather	Dedko
Grandson	Vnuk
Husband	Manžel
Maternal	Matiek
Mother	Matka
Nephew	Synovec
Niece	Neter
Paternal	Otcovské
Sister	Sestra
Uncle	Strýko
Wife	Manželka

Farm #1
Farma #1

Bee	Včela
Bison	Bizón
Calf	Teľa
Cat	Mačka
Chicken	Kura
Cow	Krava
Crow	Vrana
Dog	Pes
Donkey	Somár
Fence	Plot
Fertilizer	Hnojivo
Field	Pole
Flock	Kŕdeľ
Goat	Koza
Hay	Seno
Honey	Med
Horse	Kôň
Rice	Ryža
Seeds	Semená
Water	Voda

Farm #2
Farma # 2

Animals	Zvieratá
Barley	Jačmeň
Barn	Stodola
Corn	Kukurica
Duck	Kačica
Farmer	Farmár
Food	Jedlo
Fruit	Ovocie
Irrigation	Zavlažovanie
Lamb	Jahňa
Llama	Lama
Meadow	Lúka
Milk	Mlieko
Orchard	Sad
Sheep	Ovce
Shepherd	Pastier
Tractor	Traktor
Vegetable	Zelenina
Wheat	Pšenica
Windmill	Veterný Mlyn

Flowers
Kvety

Bouquet	Kytica
Calendula	Nechtík
Clover	Ďatelina
Daffodil	Narcis
Daisy	Sedmokráska
Dandelion	Púpava
Gardenia	Gardénia
Hibiscus	Ibištek
Jasmine	Jazmín
Lavender	Levanduľa
Lilac	Orgován
Lily	Ľalia
Magnolia	Magnólia
Orchid	Orchidea
Peony	Pivonka
Petal	Lístok
Plumeria	Plumeria
Poppy	Mak
Sunflower	Slnečnica
Tulip	Tulipán

Food #1
Jedlo #1

Apricot	Marhule
Barley	Jačmeň
Basil	Bazalka
Carrot	Mrkva
Cinnamon	Škorica
Garlic	Cesnak
Juice	Šťava
Lemon	Citrón
Milk	Mlieko
Onion	Cibuľa
Peanut	Arašid
Pear	Hruška
Salad	Šalát
Salt	Soľ
Soup	Polievka
Spinach	Špenát
Strawberry	Jahoda
Sugar	Cukor
Tuna	Tuniak
Turnip	Kvaka

Food #2
Jedlo #2

Apple	Jablko
Artichoke	Artičok
Banana	Banán
Broccoli	Brokolica
Celery	Zeler
Cheese	Syr
Cherry	Čerešňa
Chicken	Kura
Chocolate	Čokoláda
Egg	Vajec
Eggplant	Baklažán
Fish	Ryby
Grape	Hrozno
Ham	Šunka
Kiwi	Kivi
Mushroom	Huba
Rice	Ryža
Tomato	Paradajka
Wheat	Pšenica
Yogurt	Jogurt

Force and Gravity
Sila a Gravitácia

Axis	Os
Center	Centrum
Discovery	Objav
Distance	Vzdialenosť
Dynamic	Dynamický
Expansion	Expanzia
Friction	Trenie
Impact	Vplyv
Magnetism	Magnetizmus
Mechanics	Mechanika
Momentum	Hybnosť
Motion	Pohyb
Orbit	Orbita
Physics	Fyzika
Pressure	Tlak
Properties	Vlastnosti
Speed	Rýchlosť
Time	Čas
Universal	Univerzálny
Weight	Hmotnosť

Fruit
Ovocie

Apple	Jablko
Apricot	Marhule
Avocado	Avokádo
Banana	Banán
Berry	Bobule
Cherry	Čerešňa
Coconut	Kokosový
Fig	Figa
Grape	Hrozno
Guava	Guava
Kiwi	Kivi
Lemon	Citrón
Mango	Mango
Melon	Melón
Orange	Oranžový
Papaya	Papája
Peach	Broskyňa
Pear	Hruška
Pineapple	Ananás
Raspberry	Malina

Garden
Záhradný

Bench	Lavička
Bush	Ker
Fence	Plot
Flower	Kvet
Garage	Garáž
Garden	Záhrada
Grass	Tráva
Hammock	Hojdacia Sieť
Hose	Hadica
Lawn	Trávnik
Orchard	Sad
Pond	Rybník
Porch	Veranda
Rake	Hrable
Shovel	Lopata
Terrace	Terasa
Trampoline	Trampolína
Tree	Strom
Vine	Vinič
Weeds	Buriny

Gardening
Záhradníctvo

Blossom	Kvet
Botanical	Botanický
Bouquet	Kytica
Climate	Klíma
Compost	Kompost
Container	Kontajner
Dirt	Špina
Edible	Jedlé
Exotic	Exotický
Floral	Kvetinový
Foliage	Lístie
Hose	Hadica
Leaf	List
Moisture	Vlhkosť
Orchard	Sad
Seasonal	Sezónny
Seeds	Semená
Soil	Pôda
Species	Druh
Water	Voda

Geography
Geografia

Atlas	Atlas
City	Mesto
Continent	Kontinent
Country	Krajina
Elevation	Výška
Equator	Rovník
Hemisphere	Hemisféra
Island	Ostrov
Map	Mapa
Meridian	Poludník
Mountain	Vrch
North	Sever
Ocean	Oceán
Region	Región
River	Rieka
Sea	More
South	Juh
Territory	Územie
West	Západ
World	Svet

Geology
Geológia

Acid	Kyselina
Calcium	Vápnik
Cavern	Jaskyňa
Continent	Kontinent
Coral	Koralov
Crystals	Kryštály
Cycles	Cykly
Earthquake	Zemetrasenie
Erosion	Erózia
Fossil	Fosílne
Geyser	Gejzír
Lava	Láva
Layer	Vrstva
Minerals	Minerály
Plateau	Plošina
Quartz	Kremeň
Salt	Soľ
Stalactite	Stalaktit
Stone	Kameň
Volcano	Sopka

Geometry
Geometria

Angle	Uhol
Calculation	Kalkulácia
Circle	Kruh
Curve	Krivka
Diameter	Priemer
Dimension	Rozmer
Equation	Rovnice
Height	Výška
Horizontal	Horizontálny
Logic	Logika
Mass	Hmotnosť
Median	Medián
Number	Číslo
Parallel	Paralelný
Proportion	Podiel
Segment	Segment
Surface	Povrch
Symmetry	Symetria
Theory	Teória
Triangle	Trojuholník

Government
Vláda

Citizenship	Občianstvo
Civil	Občiansky
Constitution	Ústava
Democracy	Demokracia
Discussion	Diskusia
Dissent	Nesúhlas
Equality	Rovnosť
Independence	Nezávislosť
Judicial	Súdny
Justice	Spravodlivosť
Law	Zákon
Leader	Vodca
Liberty	Sloboda
Monument	Pamätník
Nation	Národ
Peaceful	Pokojný
Politics	Politika
Speech	Reč
State	Štát
Symbol	Symbol

Hair Types
Typy Vlasov

Bald	Plešatý
Black	Čierny
Blond	Blond
Braided	Pletené
Braids	Vrkôčiky
Brown	Hnedý
Colored	Farebné
Curls	Kučery
Curly	Kučeravý
Dry	Suchý
Gray	Šedá
Healthy	Zdravý
Long	Dlhý
Shiny	Lesklý
Short	Krátky
Soft	Mäkký
Thick	Hrubý
Thin	Tenký
Wavy	Vlnitý
White	Biely

Health and Wellness #1
Zdravie a Wellness #1

Active	Aktívny
Bacteria	Baktérie
Bones	Kosti
Clinic	Klinika
Doctor	Lekár
Fracture	Zlomenina
Habit	Zvyk
Height	Výška
Hormones	Hormóny
Hunger	Hlad
Muscles	Svaly
Nerves	Nervy
Pharmacy	Lekáreň
Reflex	Reflex
Relaxation	Relaxácia
Skin	Koža
Therapy	Terapia
To Breathe	Dýchať
Treatment	Liečba
Virus	Vírus

Health and Wellness #2
Zdravie a Wellness #2

Allergy	Alergia
Anatomy	Anatómia
Appetite	Chuť
Blood	Krv
Calorie	Kalórie
Dehydration	Dehydratácia
Diet	Diéta
Disease	Choroba
Energy	Energia
Genetics	Genetika
Healthy	Zdravý
Hospital	Nemocnica
Hygiene	Hygiena
Infection	Infekcia
Massage	Masáž
Nutrition	Výživa
Recovery	Obnovenie
Stress	Stres
Vitamin	Vitamín
Weight	Hmotnosť

Herbalism
Bylinkárstvo

Aromatic	Aromatický
Basil	Bazalka
Beneficial	Prospešný
Culinary	Kuchársky
Fennel	Fenikel
Flavor	Chuť
Flower	Kvet
Garden	Záhrada
Garlic	Cesnak
Green	Zelená
Ingredient	Zložka
Lavender	Levanduľa
Marjoram	Majorán
Mint	Mäta
Oregano	Oregano
Parsley	Petržlen
Plant	Rastlina
Rosemary	Rozmarín
Saffron	Šafran
Tarragon	Estragón

Hiking
Pešia Turistika

Animals	Zvieratá
Boots	Čižmy
Camping	Kemp
Cliff	Útes
Climate	Klíma
Heavy	Ťažký
Map	Mapa
Mosquitoes	Komáre
Mountain	Vrch
Nature	Povaha
Orientation	Orientácia
Parks	Parky
Preparation	Príprava
Stones	Kamene
Summit	Summit
Sun	Slnko
Tired	Unavený
Water	Voda
Weather	Počasie
Wild	Divoký

House
Dom

Attic	Podkrovie
Broom	Metla
Curtains	Záclony
Door	Dvere
Fence	Plot
Fireplace	Krb
Floor	Podlaha
Furniture	Nábytok
Garage	Garáž
Garden	Záhrada
Keys	Kľúče
Kitchen	Kuchyňa
Lamp	Lampa
Library	Knižnica
Mirror	Zrkadlo
Roof	Strecha
Room	Izba
Shower	Sprcha
Wall	Stena
Window	Okno

Human Body
Ľudské Telo

Ankle	Členok
Blood	Krv
Bones	Kosti
Brain	Mozog
Chin	Brada
Ear	Ucho
Elbow	Lakeť
Face	Tvár
Finger	Prst
Hand	Ruka
Head	Hlava
Heart	Srdce
Jaw	Čeľusť
Knee	Koleno
Leg	Noha
Mouth	Ústa
Neck	Krk
Nose	Nos
Shoulder	Rameno
Skin	Koža

Insects
Hmyz

Ant	Mravec
Aphid	Voška
Bee	Včela
Beetle	Chrobák
Butterfly	Motýľ
Cicada	Cikáda
Cockroach	Šváb
Dragonfly	Vážka
Flea	Blcha
Grasshopper	Kobylka
Hornet	Sršeň
Ladybug	Lienka
Larva	Larva
Locust	Svätojánsky
Mantis	Mantis
Mosquito	Komár
Moth	Mor
Termite	Termit
Wasp	Osa
Worm	Červ

Jazz
Jazz

Album	Album
Applause	Potlesk
Artist	Umelec
Composer	Skladateľ
Composition	Zloženie
Concert	Koncert
Drums	Bicie
Emphasis	Dôraz
Famous	Slávny
Favorites	Obľúbené
Improvisation	Improvizácia
Music	Hudba
New	Nový
Old	Starý
Orchestra	Orchester
Rhythm	Rytmus
Song	Pieseň
Style	Štýl
Talent	Talent
Technique	Technika

Kitchen
Kuchyňa

Apron	Zástera
Bowl	Miska
Chopsticks	Paličky
Cups	Pohár
Food	Jedlo
Forks	Vidličky
Freezer	Mraznička
Grill	Gril
Jar	Jar
Jug	Džbán
Kettle	Kanvica
Knives	Nože
Napkin	Obrúsok
Oven	Rúra
Recipe	Recept
Refrigerator	Chladnička
Spices	Korenie
Sponge	Hubka
Spoons	Lyžice
To Eat	Jesť

Landscapes
Krajinky

Beach	Pláž
Cave	Jaskyňa
Cliff	Útes
Desert	Púšť
Geyser	Gejzír
Hill	Kopec
Iceberg	Ľadovec
Island	Ostrov
Lake	Jazero
Mountain	Vrch
Oasis	Oáza
Ocean	Oceán
Peninsula	Polostrov
River	Rieka
Sea	More
Swamp	Močiar
Tundra	Tundra
Valley	Údolie
Volcano	Sopka
Waterfall	Vodopád

Literature
Literatúra

Analogy	Analógia
Analysis	Analýza
Anecdote	Anekdota
Author	Autor
Biography	Životopis
Comparison	Porovnanie
Conclusion	Záver
Description	Popis
Dialogue	Dialóg
Fiction	Beletria
Metaphor	Metafora
Narrator	Rozprávač
Novel	Román
Poem	Báseň
Poetic	Poetický
Rhyme	Rým
Rhythm	Rytmus
Style	Štýl
Theme	Téma
Tragedy	Tragédia

Mammals
Cicavcov

Bear	Medveď
Beaver	Bobor
Bull	Býk
Cat	Mačka
Coyote	Kojot
Dog	Pes
Dolphin	Delfín
Elephant	Slon
Fox	Líška
Giraffe	Žirafa
Gorilla	Gorila
Horse	Kôň
Kangaroo	Klokan
Lion	Lev
Monkey	Opica
Rabbit	Králik
Sheep	Ovce
Whale	Veľryba
Wolf	Vlk
Zebra	Zebra

Math
Matematika

Angles	Uhly
Arithmetic	Aritmetika
Circumference	Obvod
Decimal	Desatinné
Diameter	Priemer
Division	Divízia
Equation	Rovnice
Exponent	Exponent
Fraction	Zlomok
Geometry	Geometria
Numbers	Čísla
Parallel	Paralelný
Parallelogram	Rovnobežník
Polygon	Mnohouholník
Radius	Polomer
Rectangle	Obdĺžnik
Square	Námestie
Sum	Súčet
Symmetry	Symetria
Triangle	Trojuholník

Meditation
Meditácia

Acceptance	Prijatie
Attention	Pozornosť
Awake	Prebudiť
Breathing	Dýchanie
Calm	Pokojný
Clarity	Jasnosť
Compassion	Súcit
Emotions	Emócie
Gratitude	Vďačnosť
Habits	Návyky
Kindness	Láskavosť
Mental	Mentálny
Mind	Myseľ
Movement	Pohyb
Music	Hudba
Nature	Povaha
Peace	Mier
Perspective	Perspektíva
Silence	Ticho
Thoughts	Myšlienky

Music
Hudba

Album	Album
Ballad	Balada
Chorus	Refrén
Classical	Klasický
Eclectic	Eklektický
Harmonic	Harmonický
Harmony	Súlad
Instrument	Nástroj
Lyrical	Lyrický
Melody	Melódia
Microphone	Mikrofón
Musical	Muzikál
Musician	Hudobník
Opera	Opera
Poetic	Poetický
Recording	Nahrávanie
Rhythm	Rytmus
Rhythmic	Rytmický
Sing	Spievať
Singer	Spevák

Musical Instruments
Hudobné Nástroje

Banjo	Banjo
Bassoon	Fagot
Cello	Violončelo
Chimes	Zvonkohra
Clarinet	Klarinet
Drum	Bubon
Flute	Flauta
Gong	Gong
Guitar	Gitara
Harp	Harfa
Mandolin	Mandolína
Marimba	Marimba
Oboe	Hoboj
Percussion	Perkusie
Piano	Klavír
Saxophone	Saxofón
Tambourine	Tamburína
Trombone	Trombón
Trumpet	Trúbka
Violin	Husle

Mythology
Mytológia

Archetype	Archetyp
Behavior	Správanie
Beliefs	Presvedčenie
Creation	Tvorba
Creature	Tvor
Culture	Kultúra
Deities	Božstvá
Disaster	Katastrofa
Heaven	Nebo
Hero	Hrdina
Immortality	Nesmrteľnosť
Jealousy	Žiarlivosť
Labyrinth	Labyrint
Legend	Legenda
Lightning	Blesk
Monster	Príšera
Mortal	Smrteľný
Revenge	Pomsta
Thunder	Hrom
Warrior	Bojovník

Nature
Príroda

Animals	Zvieratá
Arctic	Arktický
Beauty	Krása
Bees	Včely
Cliffs	Útesy
Clouds	Oblaky
Desert	Púšť
Dynamic	Dynamický
Erosion	Erózia
Fog	Hmla
Foliage	Lístie
Forest	Les
Glacier	Ľadovec
Mountains	Hory
River	Rieka
Sanctuary	Svätyňa
Serene	Pokojný
Tropical	Tropický
Vital	Vitálny
Wild	Divoký

Numbers
Čísla

Decimal	Desatinné
Eight	Osem
Eighteen	Osemnásť
Fifteen	Pätnásť
Five	Päť
Four	Štyri
Fourteen	Štrnásť
Nine	Deväť
Nineteen	Devätnásť
One	Jeden
Seven	Sedem
Seventeen	Sedemnásť
Six	Šesť
Sixteen	Šestnásť
Ten	Desať
Thirteen	Trinásť
Three	Tri
Twelve	Dvanásť
Twenty	Dvadsať
Two	Dva

Nutrition
Výživa

Appetite	Chuť
Balanced	Vyvážený
Bitter	Horký
Calories	Kalórie
Carbohydrates	Sacharidy
Diet	Diéta
Digestion	Trávenie
Edible	Jedlé
Fermentation	Kvasenie
Habits	Návyky
Health	Zdravie
Healthy	Zdravý
Liquids	Tekutiny
Nutrient	Živín
Proteins	Bielkoviny
Quality	Kvalita
Sauce	Omáčka
Toxin	Toxín
Vitamin	Vitamín
Weight	Hmotnosť

Ocean
Oceán

Algae	Riasy
Coral	Koralov
Crab	Krab
Dolphin	Delfín
Eel	Úhor
Fish	Ryby
Jellyfish	Medúza
Octopus	Chobotnica
Oyster	Ustrice
Reef	Útes
Salt	Soľ
Seaweed	Morské Riasy
Shark	Žralok
Shrimp	Krevety
Sponge	Hubka
Storm	Búrka
Tides	Príliv
Tuna	Tuniak
Turtle	Korytnačka
Whale	Veľryba

Pets
Domáce Zvieratá

Cat	Mačka
Claws	Pazúr
Collar	Golier
Cow	Krava
Dog	Pes
Fish	Ryby
Food	Jedlo
Goat	Koza
Hamster	Škrečok
Kitten	Mačiatko
Lizard	Jašterica
Mouse	Myš
Parrot	Papagáj
Paws	Labky
Puppy	Šteňa
Rabbit	Králik
Tail	Chvost
Turtle	Korytnačka
Veterinarian	Veterinár
Water	Voda

Philanthropy
Filantropia

Challenges	Výzvy
Charity	Charita
Children	Deti
Community	Komunita
Contacts	Kontakty
Donate	Darovať
Finance	Financie
Funds	Fondy
Generosity	Štedrosť
Goals	Ciele
Groups	Skupiny
History	História
Honesty	Poctivosť
Humanity	Ľudstvo
Mission	Misia
Need	Potrebovať
People	Ľudia
Programs	Programy
Public	Verejnosť
Youth	Mládež

Physics
Fyzika

Acceleration	Zrýchlenie
Atom	Atóm
Chaos	Chaos
Chemical	Chemický
Density	Hustota
Electron	Elektrón
Engine	Motor
Expansion	Expanzia
Formula	Vzorec
Frequency	Frekvencia
Gas	Plyn
Magnetism	Magnetizmus
Mass	Hmotnosť
Mechanics	Mechanika
Molecule	Molekula
Nuclear	Jadrový
Particle	Častica
Relativity	Relativita
Universal	Univerzálny
Velocity	Rýchlosť

Plants
Rastliny

Bamboo	Bambus
Bean	Fazuľa
Berry	Bobule
Botany	Botanika
Bush	Ker
Cactus	Kaktus
Fertilizer	Hnojivo
Flora	Flóra
Flower	Kvet
Foliage	Lístie
Forest	Les
Garden	Záhrada
Grass	Tráva
Ivy	Brečtan
Moss	Mach
Petal	Lístok
Root	Koreň
Stem	Stonka
Tree	Strom
Vegetation	Vegetácia

Professions #1
Profesie #1

Ambassador	Veľvyslanec
Astronomer	Astronóm
Attorney	Advokát
Banker	Bankár
Cartographer	Kartograf
Coach	Tréner
Dancer	Tanečník
Doctor	Lekár
Editor	Editor
Geologist	Geológ
Hunter	Lovec
Jeweler	Klenotník
Musician	Hudobník
Nurse	Sestra
Pianist	Klavirista
Plumber	Inštalatér
Psychologist	Psychológ
Sailor	Námorník
Tailor	Krajčír
Veterinarian	Veterinár

Professions #2
Profesie #2

Astronaut	Astronaut
Biologist	Biológ
Dentist	Zubár
Detective	Detektív
Engineer	Inžinier
Farmer	Farmár
Gardener	Záhradník
Illustrator	Ilustrátor
Inventor	Vynálezca
Journalist	Novinár
Librarian	Knihovník
Linguist	Lingvista
Painter	Maliar
Philosopher	Filozof
Photographer	Fotograf
Physician	Lekár
Pilot	Pilot
Surgeon	Chirurg
Teacher	Učiteľ
Zoologist	Zoológ

Psychology
Psychológia

Appointment	Vymenovanie
Assessment	Hodnotenie
Behavior	Správanie
Childhood	Detstvo
Clinical	Klinický
Cognition	Poznanie
Conflict	Konflikt
Dreams	Sny
Ego	Ego
Emotions	Emócie
Ideas	Nápady
Perception	Vnímanie
Personality	Osobnosť
Problem	Problém
Reality	Realita
Sensation	Pocit
Subconscious	Podvedomie
Therapy	Terapia
Thoughts	Myšlienky
Unconscious	Nevedomý

Rainforest
Dažďový Prales

Amphibians	Obojživelníky
Birds	Vtáky
Botanical	Botanický
Climate	Klíma
Clouds	Oblaky
Community	Komunita
Diversity	Rôznorodosť
Indigenous	Domorodý
Insects	Hmyz
Jungle	Džungle
Mammals	Cicavce
Moss	Mach
Nature	Povaha
Preservation	Zachovanie
Refuge	Útočisko
Respect	Rešpektovať
Restoration	Obnova
Species	Druh
Survival	Prežitie
Valuable	Cenný

Restaurant #1
Reštaurácia #1

Allergy	Alergia
Bowl	Miska
Bread	Chlieb
Cashier	Pokladník
Chicken	Kura
Coffee	Káva
Dessert	Dezert
Food	Jedlo
Ingredients	Ingrediencie
Kitchen	Kuchyňa
Knife	Nôž
Meat	Mäso
Menu	Menu
Napkin	Obrúsok
Plate	Tanier
Reservation	Rezervácia
Sauce	Omáčka
Spicy	Pikantné
To Eat	Jesť
Waitress	Čašníčka

Restaurant #2
Reštaurácia č. 2

Beverage	Nápoj
Cake	Torta
Chair	Stolička
Delicious	Lahodný
Dinner	Večera
Eggs	Vajcia
Fish	Ryby
Fork	Vidlica
Fruit	Ovocie
Ice	Ľad
Lunch	Obed
Noodles	Rezance
Salad	Šalát
Salt	Soľ
Soup	Polievka
Spices	Korenie
Spoon	Lyžica
Vegetables	Zelenina
Waiter	Čašník
Water	Voda

Science
Veda

Atom	Atóm
Chemical	Chemický
Climate	Klíma
Data	Údaje
Evolution	Vývoj
Experiment	Experiment
Fact	Fakt
Fossil	Fosílne
Gravity	Gravitácia
Hypothesis	Hypotéza
Laboratory	Laboratórium
Method	Metóda
Minerals	Minerály
Molecules	Molekuly
Nature	Povaha
Organism	Organizmus
Particles	Častice
Physics	Fyzika
Plants	Rastliny
Scientist	Vedec

Science Fiction
Science Fiction

Atomic	Atómová
Books	Knihy
Chemicals	Chemikálie
Cinema	Kino
Dystopia	Dystopia
Explosion	Výbuch
Extreme	Extrémny
Fantastic	Fantastický
Fire	Oheň
Futuristic	Futuristický
Galaxy	Galaxia
Illusion	Ilúzia
Imaginary	Imaginárny
Mysterious	Tajomný
Oracle	Oracle
Planet	Planéta
Robots	Roboty
Technology	Technológia
Utopia	Utópia
World	Svet

Scientific Disciplines
Vedecké Disciplíny

Anatomy	Anatómia
Archaeology	Archeológia
Astronomy	Astronómia
Biochemistry	Biochémia
Biology	Biológia
Botany	Botanika
Chemistry	Chémia
Ecology	Ekológia
Geology	Geológia
Immunology	Imunológia
Kinesiology	Kineziológia
Linguistics	Lingvistika
Mechanics	Mechanika
Mineralogy	Mineralógia
Neurology	Neurológia
Physiology	Fyziológia
Psychology	Psychológia
Sociology	Sociológia
Thermodynamics	Termodynamika
Zoology	Zoológia

Shapes
Tvary

Arc	Oblúk
Circle	Kruh
Cone	Kužeľ
Corner	Rút
Cube	Kocka
Curve	Krivka
Cylinder	Valec
Edges	Okraje
Ellipse	Elipsa
Hyperbola	Hyperbola
Line	Linka
Oval	Ovál
Polygon	Mnohouholník
Prism	Hranol
Pyramid	Pyramída
Rectangle	Obdĺžnik
Side	Strana
Sphere	Sféra
Square	Námestie
Triangle	Trojuholník

Sport
Šport

Ability	Schopnosť
Athlete	Športovec
Body	Telo
Bones	Kosti
Coach	Tréner
Cycling	Cyklistika
Dancing	Tanec
Diet	Diéta
Endurance	Vytrvalosť
Goal	Cieľ
Health	Zdravie
Jogging	Jogging
Maximize	Maximalizovať
Metabolic	Metabolický
Muscles	Svaly
Nutrition	Výživa
Program	Program
Sports	Športové
Strength	Sila
To Breathe	Dýchať

The Company
Spoločnosť

Business	Podnikanie
Creative	Kreatívny
Decision	Rozhodnutie
Employment	Zamestnanie
Global	Globálny
Industry	Priemysel
Innovative	Inovatívny
Investment	Investícia
Possibility	Možnosť
Presentation	Prezentácia
Product	Produkt
Professional	Profesionálny
Progress	Pokrok
Quality	Kvalita
Reputation	Povesť
Resources	Zdroje
Revenue	Príjmy
Risks	Riziká
Trends	Trendy
Units	Jednotky

The Media
Médium

Attitudes	Postoje
Commercial	Komerčný
Communication	Komunikácia
Digital	Digitálny
Edition	Vydanie
Education	Vzdelávanie
Facts	Fakty
Funding	Financovanie
Industry	Priemysel
Intellectual	Intelektuálny
Local	Miestny
Magazines	Časopisy
Network	Sieť
Newspapers	Noviny
Online	Online
Opinion	Názor
Photos	Fotografie
Public	Verejnosť
Radio	Rádio
Television	Televízia

Time
Čas

Annual	Ročný
Before	Pred
Calendar	Kalendár
Century	Storočie
Clock	Hodiny
Day	Deň
Decade	Desaťročie
Early	Skorý
Future	Budúcnosť
Hour	Hodina
Minute	Minúta
Month	Mesiac
Morning	Ráno
Night	Noc
Noon	Poludnie
Now	Teraz
Soon	Čoskoro
Today	Dnes
Week	Týždeň
Year	Rok

Town
Mesto

Airport	Letisko
Bakery	Pekáreň
Bank	Banka
Bookstore	Kníhkupectvo
Cinema	Kino
Clinic	Klinika
Florist	Kvetinárstvo
Gallery	Galéria
Hotel	Hotel
Library	Knižnica
Market	Trh
Museum	Múzeum
Pharmacy	Lekáreň
School	Škola
Stadium	Štadión
Store	Obchod
Supermarket	Supermarket
Theater	Divadlo
University	Univerzita
Zoo	Zoo

Universe
Vesmír

Asteroid	Asteroid
Astronomer	Astronóm
Astronomy	Astronómia
Atmosphere	Atmosféra
Celestial	Nebeský
Cosmic	Kozmický
Darkness	Tma
Eon	Eon
Equator	Rovník
Galaxy	Galaxia
Hemisphere	Hemisféra
Horizon	Horizont
Moon	Mesiac
Orbit	Orbita
Sky	Neba
Solar	Solárny
Solstice	Slnovrat
Telescope	Teleskop
Visible	Viditeľný
Zodiac	Zverokruh

Vacation #2
Dovolenka #2

Airport	Letisko
Beach	Pláž
Camping	Kemp
Destination	Cieľ
Foreign	Zahraničný
Foreigner	Cudzinec
Holiday	Dovolenka
Hotel	Hotel
Island	Ostrov
Journey	Cesta
Leisure	Voľný Čas
Map	Mapa
Mountains	Hory
Passport	Pas
Sea	More
Taxi	Taxi
Tent	Stan
Train	Vlak
Transportation	Preprava
Visa	Víza

Vegetables
Zelenina

Artichoke	Artičok
Broccoli	Brokolica
Carrot	Mrkva
Cauliflower	Karfiol
Celery	Zeler
Cucumber	Uhorka
Eggplant	Baklažán
Garlic	Cesnak
Ginger	Zázvor
Mushroom	Huba
Onion	Cibuľa
Parsley	Petržlen
Pea	Hrach
Pumpkin	Tekvica
Radish	Reďkovka
Salad	Šalát
Shallot	Šalotka
Spinach	Špenát
Tomato	Paradajka
Turnip	Kvaka

Vehicles
Vozidlá

Airplane	Lietadlo
Ambulance	Ambulancie
Bicycle	Bicykel
Boat	Loď
Bus	Autobus
Car	Auto
Caravan	Karavána
Ferry	Trajekt
Helicopter	Vrtuľník
Motor	Motor
Raft	Raft
Rocket	Raketa
Scooter	Skúter
Shuttle	Raketoplán
Submarine	Ponorka
Subway	Metro
Taxi	Taxi
Tires	Pneumatiky
Tractor	Traktor
Truck	Nákladné Auto

Weather
Počasie

Atmosphere	Atmosféra
Breeze	Vánok
Climate	Klíma
Cloud	Mrak
Drought	Sucho
Dry	Suchý
Fog	Hmla
Hurricane	Hurikán
Ice	Ľad
Lightning	Blesk
Monsoon	Monzún
Polar	Polárny
Rainbow	Dúha
Sky	Neba
Storm	Búrka
Temperature	Teplota
Thunder	Hrom
Tornado	Tornádo
Tropical	Tropický
Wind	Vietor

Congratulations

You made it!

We hope you enjoyed this book as much as we enjoyed making it. We do our best to make high quality games.
These puzzles are designed in a clever way for you to learn actively while having fun!

Did you love them?

A Simple Request

Our books exist thanks your reviews. Could you help us by leaving one now?

Here is a short link which will take you to your order review page:

BestBooksActivity.com/Review50

MONSTER CHALLENGE!

Challenge #1

Ready for Your Bonus Game? We use them all the time but they are not so easy to find. Here are **Synonyms**!

Note 5 words you discovered in each of the Puzzles noted below (#21, #36, #76) and try to find 2 synonyms for each word.

Note 5 Words from *Puzzle 21*

Words	Synonym 1	Synonym 2

Note 5 Words from *Puzzle 36*

Words	Synonym 1	Synonym 2

Note 5 Words from *Puzzle 76*

Words	Synonym 1	Synonym 2

Challenge #2

Now that you are warmed-up, note 5 words you discovered in each Puzzle noted below (#9, #17, #25) and try to find 2 antonyms for each word. How many lines can you do in 20 minutes?

Note 5 Words from **Puzzle 9**

Words	Antonym 1	Antonym 2

Note 5 Words from **Puzzle 17**

Words	Antonym 1	Antonym 2

Note 5 Words from **Puzzle 25**

Words	Antonym 1	Antonym 2

Challenge #3

Wonderful, this monster challenge is nothing to you!

Ready for the last one? Choose your 10 favorite words discovered in any of the Puzzles and note them below.

1.	6.
2.	7.
3.	8.
4.	9.
5.	10.

Now, using these words and within a maximum of six sentences, your challenge is to compose a text about a person, animal or place that you love!

Tip: You can use the last blank page of this book as a draft!

Your Writing:

Explore a Unique Store
Set Up **FOR YOU!**

BestActivityBooks.com/TheStore

Designed for Entertainment!

Light Up Your Brain With Unique **Gift Ideas**.

Access **Surprising** And **Essential Supplies!**

CHECK OUT OUR MONTHLY SELECTION NOW!

- Expertly Crafted Products -

NOTEBOOK:

SEE YOU SOON!

Linguas Classics Team

BESTACTIVITYBOOKS.COM/FREEGAMES